입으로 하는 영어공부!
멀티플 잉글리시
multiple: 다양한

입으로 하는 영어공부!
멀티플 잉글리시
multiple: 다양한

발 행 일	2020년 7월 25일(초판 1쇄)
저　　자	김일승
발 행 인	문정구
발 행 처	종합출판 EnG
출판등록	1988. 6. 17 제 9-175호
주　　소	04002 서울시 마포구 월드컵북로 5길 65 주원빌딩 4층
홈페이지	www.jonghapbooks.com
전자메일	jonghap@jonghapbooks.com
대표전화	02-365-1246
팩　　스	02-365-1248

ISBN　978-89-8099-721-3　　　13740

이 도서의 국립중앙도서관 출판예정도서목록(CIP)은 서지정보유통지원시스템 홈페이지 (http://seoji.nl.go.kr)와 국가자료공동목록시스템(http://www.nl.go.kr/kolisnet)에서 이용하실 수 있습니다. (CIP제어번호 : CIP2020028621)

※ 낙장 및 파본은 바꾸어 드립니다.

입으로 하는 영어공부!
멀티플 잉글리시
multiple: 다양한

김일승 지음

Jonghap Books

Intro

영어회화를 잘하는 사람은,

영어를 구사한다.

1. 들려야 말할 수 있는 '불편한 진실'

　요즘 시대에 영어로 인사하는 회화(Greetings)를 못하는 사람은 없다. Hello, How are you? How's it going? What's new? 등으로 시작하여 Nothing much 등등의 원어민식 받아치기 회화까지… 다들 대화의 초반은 무난하게, 때로는 현란하게 진행해 나갈 능력들을 갖추고 있다.

　그런데 아마 대다수의 영어초보들이 겪는 문제는 간단한 인사회화 '이후'부터 생기게 될 것이다. 원어민과 인사를 나눴다 치자. 그 다음엔 저마다의 이야깃거리로 대화가 흘러가게 될 텐데, 그 주제가 무엇이 될지는 그 누구도 예측할 수 없는 노릇이다. 여기서 상대가 이어가고자 하는 말을 잘 듣지 못하면, 내가 아무리 말을 잘할 준비가 되어있다 하더라도 회화는 이어질 수 없다. 뭐라도 들려야 말을 할 텐데, 들리지 않으니 대화가 안 되는 억울함이 생길 수밖에 없다(**listening_**영어회화의 첫 번째 억울함). 내가 어제 배운 멋진 영어표현을 써먹어봤는데 상대가 잘 알아듣지 못한 느낌을 받을 때, 그때 비로소 내 발음에 문제가 있다는 것을 느끼게 된다(**pronunciation_**영어회화의 두 번째 억울함).

　'듣기, 말하기, 영어발음'은 따로 공부해야 하는 것이 아니다. 이 셋을 반드시 패키지로 공부해야 한다. 표현 따로, 리스닝 따로, 발음연습 따로는 있을 수 없다. 이 책에 짜임새 있게 유기적으로 구성해놓은 3가지 요소를 함께 학습한다면 영어로 인사만 하고 황급히 대화를 끝내곤 했던 여러분의 모습은, 이젠 오래전의 옛 추억이 될 것이다.

2. 콘텐츠가 없다면 말할 수 없다!

인풋(input)이 없으면 아웃풋(output)이 없다는 말, 이것은 진리이다. 여러분이 우리말보다 영어가 편한 사람들이 아니라면 반드시 원어민들이 즐겨 쓰는 표현들을 인풋 작업하여 달달 입에 붙여야 한다. '영어에 많이 노출되다 보면 언젠가는 영어가 편하게 되겠지'라는 생각만큼 위험한 것은 없다. 실제 필자의 지인 한 명이 미국 Atlantic City에 9년째 거주하고 있는데, 발음은 여전히 변함없는 토종 한국식이었고 영어회화 실력은 사실상 제자리걸음 수준이었다. 영어권 나라에 오래 산다고, 영어에 노출이 많이 된다고 영어실력이 자연스레 늘 것이라 기대하는 것은 너무 큰 요행을 바라는 것과 같다. 이 책에는 원어민이 쓰는 표현이 다수 수록되어 있을 뿐 아니라, 좋은 읽을거리에서 뽑은 유용한 구문을 회화에 응용하여 사용할 수 있도록 구성했다. 위에서 언급한 '달달 입에 붙일거리'들을 원어민 발음 그대로 살려 영어를 구사할 수 있을 것이라 확신한다.

3. 저자의 명품 직강이 담긴 음성파일 특별 제공!

요즘같이 바쁜 시대에 동영상 강의를 틀어놓고 책상에 앉을 시간을 빼기란 결코 쉽지 않으리라는 것을 잘 알고 있다. 그럼에도 동영상 강의가 인기를 끌어서인지 갈수록 화려해지고, 자극적인 화면으로 구성된 검증되지 않은 콘텐츠들이 수많은 영어 학습자들을 현혹하고 있다.

단순함을 추구하는 지금 시대에 맞는 방식은 '비디오'가 아닌 '오디오'라고 생각한다. 이 책을 기점으로 영어 학습에 '오디오 시대'가 다시 열리길 바란다. 이 책은 다른 책과 달리 영어문장을 원어민의 음성으로 녹음한 MP3 파일만 제공하는 것이 아니라, 마치 학원에서 강의를 듣는 것처럼 저자의 음성이 담긴 강의파일을 함께 제공한다. 이를 다운로드해서 스마트폰으로 듣거나 랩탑, 노트북으로 들어도 좋다. 또는 USB에 저장해서 차에 꽂아도 훌륭하다. 차 안이든, 버스든, 지하철이든, 그 어떤 곳이든 여러분만의 학습공간이 만들어질 것이다.

🎧 **강의 음성파일 다운로드 안내**

① 종합출판 홈페이지 접속(http://www.jonghapbooks.com)

② '커뮤니티' 자료실(MP3) 클릭

③ <다운받기> 클릭

④ 알집파일 암호 K2i_m@c6ApT_uRE 입력 후 압축 풀기

구성 및 특징

구성

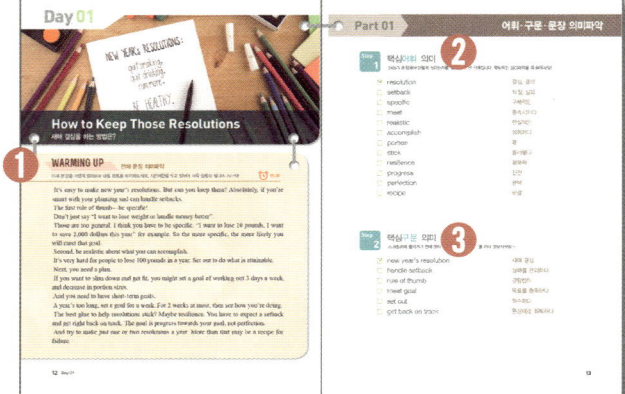

❶ Warming up 전체 문장 의미파악
지문의 전체 내용을 가볍게 읽어보며 내용 흐름을 파악하는 코너이다.

[Part 1] 어휘 · 구문 · 문장 의미파악

❷ Step 1 핵심어휘 의미
단어의 의미를 모르면 문맥을 잡기가 어려울 수 있다. 모르는 단어는 의미를 새겨두고, 의미를 확실히 익히고 난 후에는 단어 박스에 체크하고 넘어가면 된다.

❸ Step 2 핵심구문 의미
해당 지문 중에서 가장 핵심이 되는 구문을 선별하여 정리했다. 본문 내용을 이해하는 데 좋은 힌트가 될 구문들을 모아 두었다.

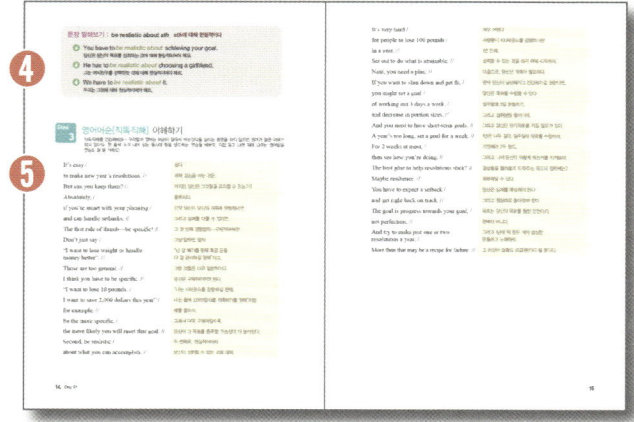

❹ 문장 말해보기
단순 지식습득과 같은 수동적인 학습 방지를 위하여 해당 Day의 본문에서 일상생활에 바로 써먹을 수 있는 회화구문을 선정하였다. 이를 3개의 문장으로 응용하여 영어를 입밖으로 구현해 볼 수 있는 코너이다.

❺ Step 3 영어어순[직독직해] 이해하기
영어를 듣고 말함에 있어 가장 중요한 기본은 바로 '영어의 어순'이다. 어순이 약한 분들에게 가장 적합한 연습이 바로 '끊어 읽기'이다. 뒤에서 앞으로 독해하려 덤비기보다, 최소한의 의미단락으로 끊어서 영어를 이해하는 연습을 해 보는 코너이다.

[PART 2] 소리[발음] 연습

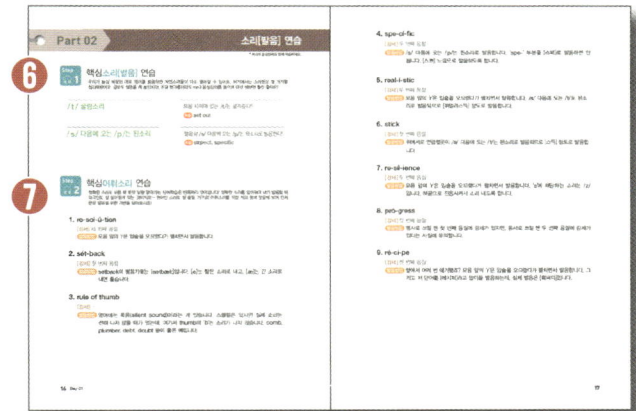

❻ Step 1 핵심소리[발음] 연습
알지 못하면 들을 수 없고 원어민처럼 할 수 없는 원리가 있다. 매 unit마다 욕심내지 않고 딱 두 가지씩 소개하는 코너이다. 이것을 차곡차곡 쌓아간다면 영어의 소리체계가 점차 잡히는 신기한 경험을 할 수 있다.

❼ Step 2 핵심어휘소리 연습
영어학습에 있어서 가장 중요한 것이 바로 '강세(stress)'이다. 강세가 없는 영어는 언어가 아니라고 감히 말하고자 한다. 본 코너에서는 각 단어의 강세 위치잡기 및 발음방법을 제시해준다.

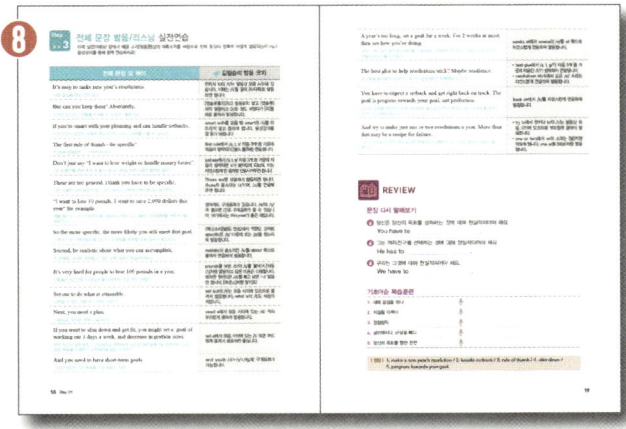

❽ Step 3 전체 문장 발음/리스닝 실전연습
리스닝 공부를 위해서는 먼저 스스로의 발음을 원어민의 것과 똑같이 만들기 위해 노력해야 한다. 그러나 영어가 모국어가 아닌 이상 원어민처럼 하기란 결코 쉽지 않다. 본 코너에서는 본문의 전체 문장에 대해 연음, 발음비법, 강세 등 전반적인 모든 부분을 체계적으로 설명하여 원어민의 소리와 흡사하게 만들어보려고 했다.

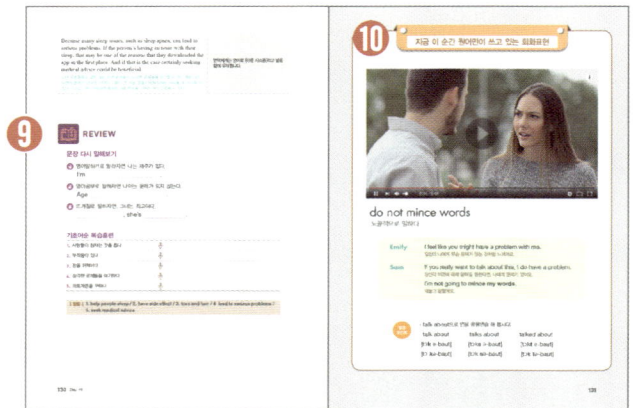

❾ [Review]

문장 다시 말해보기
Part 1에서 배운 회화구문을 복습하는 코너이다.
기초어순 복습훈련
어순에 약한 분들을 위해 마련한 코너이다. 최소한의 의미 덩어리를 우리말로 제시하면, 이것을 순발력 있게 앞뒤 어순을 바꿔서 영어로 말해보는 연습을 해 볼 수 있다.

❿ 지금 이 순간 원어민이 쓰고 있는 회화표현

원어민에게 지금 바로 써먹을 수 있는 표현이 들어있는 dialogue를 소개하는 코너이다. 현지 미국인들이 지금 이 순간 쓰고 있는 생생한 표현들만을 엄선하였다.

특징

  영어회화라는 것이 여러분이 배워왔던 패턴대로만 흘러가진 않는다. 여러분이 원어민에게 어제 구입한 회화책에서 배운 "How's it going?"을 써먹고 나면, 상대가 "Good", "Fine"만 하진 않을 가능성이 얼마든지 있다. 갑자기 자기가 겪었던 최근 이야기를 쭉 풀어낼 수도 있다. 이걸 리스닝 할 수 있어야 다시 영어로 받아치면서 회화(conversation)가 되는 것이다.
  분명히 밝히지만, 영어회화의 본질이 '말하기(speaking)'만으로 끝나선 안 된다. '듣기(listening)'와 말하기'를 함께 공부해야 한다. 그럼에도 시중에 나오고 있는 거의 모든 영어회화 책들은 단순 패턴만으로 오로지 '스피킹'만을 연습시키고 있다. 이 책에서는 리스닝과 스피킹을 동시에 학습할 수 있도록 구성했으며, 실제로 듣고 말하는 기본기 향상이 피부로 와닿을 수 있는 콘텐츠가 다양 포함되어 있다.

Contents

Day 01	How to Keep Those Resolutions 새해 결심을 하는 방법은?	12
Day 02	Burger King Serves Up Spam Burger 버거킹에서 스팸버거 요리를 내놓다	21
Day 03	Korean Skater, Yuna Kim 김연아 – 대한민국의 자랑스러운 스케이터	28
Day 04	Conversation ▶ *At the Cafe* 카페에서	36
Day 05	Mosquito Season - Fight the Bite 모기시즌 – 물림과 싸워라	42
Day 06	Spring Health Myth 봄의 건강 관련 미신	51
Day 07	Eggs Are Good for You 달걀이 당신에게 좋은 이유	59
Day 08	Conversation ▶ *At the Airport* 공항에서	67
Day 09	Fashion Hazards 패션에도 위험이 도사리고 있다	75
Day 10	Diet Soda and Alcohol 다이어트 탄산음료에 술을 섞어 먹으면 더 취한다	84
Day 11	Tips to Help You Sleep 당신이 잠을 잘 자기 위한 팁	92
Day 12	Conversation ▶ *At the Hotel* 호텔에서	100
Day 13	Eating Smart When Dining Out 외식할 때 현명하게 먹기	107
Day 14	Prevent Hearing Loss 청력손실 예방법은	115
Day 15	Sleep Apps - A Warning Sign 수면앱 – 경고신호	123
Day 16	Conversation ▶ *Movie Recommendation* 영화를 추천해줘	132
Day 17	Fewer Grains of Salt 소금은 보다 적게	139
Day 18	Don't Walk and Text 걸으면서 문자질 하지 말 것	146
Day 19	Avoid the 5 Food Felons 5가지 음식계의 흉악범을 피하라	154
Day 20	Conversation ▶ *Jealousy* 질투	160
Day 21	The Pros and Cons of Sharing Your Bed With Pets 당신의 침대를 애완동물과 같이 쓰는 것에 대한 장단점	168
Day 22	Third-hand Smoke Is Bad for You 제3의 흡연도 당신에게 좋지 않다	174

매일 15분 **영어회화!!**

김일승을 캡처하라

Day 01 ~ Day 22

Day 01

How to Keep Those Resolutions
새해 결심을 하는 방법은?

WARMING UP — 전체 문장 의미파악

아래 문장을 가볍게 읽어보며 내용 흐름을 파악해보세요. 시간제한을 두고 읽어야 더욱 집중이 됩니다. 시~작! 01:30

It's easy to make new year's resolutions. But can you keep them? Absolutely, if you're smart with your planning and can handle setbacks.

The first rule of thumb—be specific!

Don't just say "I want to lose weight or handle money better".

Those are too general. I think you have to be specific. "I want to lose 10 pounds, I want to save 2,000 dollars this year" for example. So the more specific, the more likely you will meet that goal.

Second, be realistic about what you can accomplish.

It's very hard for people to lose 100 pounds in a year. Set out to do what is attainable.

Next, you need a plan.

If you want to slim down and get fit, you might set a goal of working out 3 days a week, and decrease in portion sizes.

And you need to have short-term goals.

A year's too long, set a goal for a week. For 2 weeks at most, then see how you're doing.

The best glue to help resolutions stick? Maybe resilience. You have to expect a setback and get right back on track. The goal is progress towards your goal, not perfection.

And try to make just one or two resolutions a year. More than that may be a recipe for failure.

Part 01　　　어휘·구문·문장 의미파악

 핵심어휘 의미

단어가 문장에서 어떻게 쓰이는지를 보기 위한 전 단계입니다. 핵심적인 의미파악을 꼭 해두세요!

- ☑ resolution　　　　　결심, 결의
- ☐ setback　　　　　　차질, 실패
- ☐ specific　　　　　　구체적인
- ☐ meet　　　　　　　충족시키다
- ☐ realistic　　　　　　현실적인
- ☐ accomplish　　　　성취하다
- ☐ portion　　　　　　몫
- ☐ stick　　　　　　　들러붙다
- ☐ resilience　　　　　회복력
- ☐ progress　　　　　진전
- ☐ perfection　　　　　완벽
- ☐ recipe　　　　　　비결

 핵심구문 의미

스크립트에 들어가기 전에 멋지게 발음해볼 주요 표현을 미리 맛보자구요~

- ☑ new year's resolution　　　새해 결심
- ☐ handle setback　　　　　실패를 관리하다
- ☐ rule of thumb　　　　　　경험법칙
- ☐ meet goal　　　　　　　목표를 충족하다
- ☐ set out　　　　　　　　착수하다
- ☐ get back on track　　　　원상태로 회복하다

문장 말해보기 : *be realistic about sth* sth에 대해 현실적이다

- You have to *be realistic about* achieving your goal.
  당신은 당신의 목표를 성취하는 것에 대해 현실적이어야 해요.
- He has to *be realistic about* choosing a girlfriend.
  그는 여자친구를 선택하는 것에 대해 현실적이어야 해요.
- We have to *be realistic about* it.
  우리는 그것에 대해 현실적이어야 해요.

Step 3 영어어순[직독직해] 이해하기

직독직해를 연습해봐요~ 우리말과 영어는 어순이 달라서 어순감각을 살리는 훈련을 하지 않으면 영어가 얼른 이해가 되지 않아요. 한 줄씩 소리 내어 읽는 동시에 뜻을 생각하는 연습을 해봐요. 직접 읽고 나면 뒤에 나오는 영어발음 연습도 잘 될 거예요!

It's easy /	쉽다
to make new year's resolutions. //	새해 결심을 하는 것은.
But can you keep them? //	하지만 당신은 그것들을 유지할 수 있는가?
Absolutely, /	물론이다.
if you're smart with your planning /	만약 당신이 당신의 계획에 현명하다면
and can handle setbacks. //	그리고 실패를 다룰 수 있다면.
The first rule of thumb—be specific! //	그 첫 번째 경험법칙—구체적이어라!
Don't just say /	그냥 말하진 말라
"I want to lose weight or handle money better". //	"난 살 빼기를 원해 혹은 돈을 더 잘 관리하길 원해"라고.
Those are too general. //	그런 것들은 너무 일반적이다.
I think you have to be specific. //	당신은 구체적이어야 한다.
"I want to lose 10 pounds, /	"나는 10파운드를 감량하길 원해.
I want to save 2,000 dollars this year" /	나는 올해 2,000달러를 저축하기를 원해"처럼
for example. //	예를 들어서.
So the more specific, /	그래서 더욱 구체적일수록,
the more likely you will meet that goal. //	당신이 그 목표를 충족할 가능성이 더 높아진다.
Second, be realistic /	두 번째로, 현실적이어라
about what you can accomplish. //	당신이 성취할 수 있는 것에 대해.

It's very hard /	매우 어렵다
for people to lose 100 pounds /	사람들이 100파운드를 감량하기란
in a year. //	1년 안에.
Set out to do what is attainable. //	성취할 수 있는 것을 하기 위해 시작하라.
Next, you need a plan. //	다음으로, 당신은 계획이 필요하다.
If you want to slim down and get fit, /	만약 당신이 날씬해지고 건강해지길 원한다면,
you might set a goal /	당신은 목표를 수립할 수 있다
of working out 3 days a week, /	일주일에 3일 운동하기,
and decrease in portion sizes. //	그리고 섭취분량 줄이기의.
And you need to have short-term goals. //	그리고 당신은 단기목표를 가질 필요가 있다.
A year's too long, set a goal for a week. //	1년은 너무 길다. 일주일의 목표를 수립하라.
For 2 weeks at most, /	기껏해야 2주 정도,
then see how you're doing. //	그러고 나서 당신이 어떻게 하는지를 지켜보라.
The best glue to help resolutions stick? //	결심들을 들러붙게 도와주는 최고의 접착제는?
Maybe resilience. //	회복력일 수 있다.
You have to expect a setback /	당신은 실패를 예상해야 한다
and get right back on track. //	그리고 원상태로 돌아와야 한다.
The goal is progress towards your goal, /	목표는 당신의 목표를 향한 진전이지,
not perfection. //	완벽이 아니다.
And try to make just one or two resolutions a year. /	그리고 1년에 딱 한두 개의 결심만 만들려고 노력하라.
More than that may be a recipe for failure. //	그 이상은 실패의 비결(원인)이 될 뿐이다.

Part 02 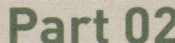 소리[발음] 연습

*저자의 음성강의와 함께 학습하세요.

Step 1 핵심소리[발음] 연습

우리가 늘상 해왔던 대로 영어를 발음하면 자연스러움이 다소 떨어질 수 있어요. 여기에서는 소리현상 몇 가지를 정리해봤어요. 글로도 설명을 해 놓았지만, 조금 번거롭더라도 mp3 음성강의를 들으며 따라 해보면 훨씬 좋아요!

/t/ 굴림소리

모음 사이에 있는 /t/는 굴려준다!
e.g. set out

/s/ 다음에 오는 /p/는 된소리

발음상 /s/ 다음에 오는 /p/는 된소리로 발음한다!
e.g. expect, specific

Step 2 핵심어휘소리 연습

정확한 소리도 모른 채 뜻만 달랑 알아가는 단어학습은 반쪽짜리 영어입니다! 정확한 소리를 알아둬야 내가 발음할 때 외국인도 잘 알아듣게 되는 것이지요~ 원어민 소리도 잘 들릴 거구요! 어휘소리를 직접 저와 함께 발음해 보며 전체 문장 발음을 위한 기반을 닦아보시죠!

1. re-sol-ú-tion

[강세] 세 번째 음절

[발음방법] 모음 앞의 'r'은 입술을 오므렸다가 펼치면서 발음합니다.

2. sét-back

[강세] 첫 번째 음절

[발음방법] setback의 발음기호는 [setbæk]입니다. [e]는 짧은 소리로 내고, [æ]는 긴 소리로 내면 좋습니다.

3. rule of thumb

[강세] –

[발음방법] 영어에는 묵음(silent sound)이라는 게 있습니다. 스펠링은 있지만 실제 소리는 전혀 나지 않을 때가 있는데, 여기서 thumb의 'b'는 소리가 나지 않습니다. comb, plumber, debt, doubt 등이 좋은 예입니다.

4. spe-cí-fic

[강세] 두 번째 음절

[발음방법] /s/ 다음에 오는 /p/는 된소리로 발음합니다. 'spe-' 부분을 [스페]로 발음하면 안 됩니다. [스쁘] 느낌으로 발음하도록 합니다.

5. real-í-stic

[강세] 두 번째 음절

[발음방법] 모음 앞의 'r'은 입술을 오므렸다가 펼치면서 발음합니다. /s/ 다음에 오는 /t/도 된소리로 발음되므로 [뤼얼리스띡] 정도로 발음합니다.

6. stíck

[강세] 첫 번째 음절

[발음방법] 위에서도 언급했듯이 /s/ 다음에 오는 /t/는 된소리로 발음되므로 [스띡] 정도로 발음합니다.

7. re-síl-ience

[강세] 두 번째 음절

[발음방법] 모음 앞의 'r'은 입술을 오므렸다가 펼치면서 발음합니다. 's'에 해당하는 소리는 /z/입니다. 혀끝으로 진동시켜서 소리 내도록 합니다.

8. pró-gress

[강세] 첫 번째 음절

[발음방법] 명사로 쓰일 땐 첫 번째 음절에 강세가 있지만, 동사로 쓰일 땐 두 번째 음절에 강세가 있다는 사실에 유의합니다.

9. ré-ci-pe

[강세] 첫 번째 음절

[발음방법] 앞에서 여러 번 얘기했죠? 모음 앞의 'r'은 입술을 오므렸다가 펼치면서 발음합니다. 그리고 저 단어를 [레시피]라고 많이들 발음하는데, 실제 발음은 [뤠써피]입니다.

Step 3 전체 문장 발음/리스닝 실전연습

이제 실전이에요! 앞에서 배운 소리[발음]현상과 어휘소리를 바탕으로 전체 문장이 정확히 어떻게 발음되는지 mp3 음성강의를 통해 함께 연습하시죠!

전체 문장 및 해석	🔊 김일승의 발음 코치
It's easy to make new year's resolutions. 새해 결심을 하는 것은 쉽다.	전치사 to의 /t/는 발음상 모음 사이에 있습니다. 이때는 /t/를 굴려 [이지루]로 발음하면 됩니다.
But can you keep them? Absolutely, 하지만 당신은 그것들을 유지할 수 있는가? 물론이다.	[앱솔루틀리]라고 발음하지 말고 [앱솔룻]까지 발음하고 0.1초 정도 쉬었다가 [리]를 바로 붙여서 발음합니다.
if you're smart with your planning and can handle setbacks. 만약 당신이 당신의 계획에 현명하다면, 그리고 실패를 다룰 수 있다면,	smart with를 읽을 땐 smart의 /t/를 터뜨리지 말고 참아야 합니다. 음성강의를 잘 듣기 바랍니다.
The first rule of thumb—be specific! 첫 번째 경험법칙 — 구체적이어라!	first rule에서 /s, t, r/ 자음 3개 중 가운데 자음이 탈락되어 [펄스 룰]처럼 연음됩니다.
Don't just say "I want to lose weight or handle money better". "난 살 빼기를 원해 혹은 돈을 더 잘 관리하길 원해"라고만 말하지 말라.	just say에서 /s, t, s/ 자음 3개 중 가운데 자음이 탈락되면 's'가 붙어있게 되는데, 이는 자연스럽게 한 음처럼 연결시켜주면 됩니다.
Those are too general. I think you have to be specific. 그런 것들은 너무 일반적이다. 나는 당신이 구체적이어야 한다고 생각한다.	Those are만 연음해서 발음하면 됩니다. those의 끝소리는 /z/이며, /z/를 연음해 주면 됩니다.
"I want to lose 10 pounds, I want to save 2,000 dollars this year" for example. 예를 들어서 "나는 10파운드를 감량하길 원해. 나는 올해 2,000달러를 저축하기를 원해"라고.	영어에도 구개음화가 있습니다. /s/와 /y/가 붙으면 /ʃ/로 구개음화가 될 수 있습니다. 여기에서는 this year가 좋은 예입니다.
So the more specific, the more likely you will meet that goal. 그래서 더욱 구체적일수록, 당신이 그 목표를 충족할 가능성이 더 높아진다.	〈핵심소리[발음] 연습〉에서 익혔던 것처럼 specific은 /s/ 다음에 오는 /p/를 된소리로 발음합니다.
Second, be realistic about what you can accomplish. 두 번째로, 당신이 성취할 수 있는 것에 대해서 현실적이어라.	realistic의 끝소리인 /k/를 about 쪽으로 붙여서 연음하여 발음합니다.
It's very hard for people to lose 100 pounds in a year. 사람들이 1년 안에 100파운드를 감량하는 것은 매우 어렵다.	pounds를 보면 /d/와 /s/를 붙여서 [파운즈]처럼 발음하고 싶은 마음은 이해합니다. 하지만 원어민은 /d/를 빼고 남은 '-s' 발음만 합니다. [파운스]처럼 말이죠!
Set out to do what is attainable. 성취할 수 있는 것을 하기 위해 시작하라.	set out의 /t/는 모음 사이에 있으므로 굴려서 발음합니다. what is의 /t/도 마찬가지입니다.
Next, you need a plan. 다음으로, 당신은 계획이 필요하다.	need a에서 모음 사이에 있는 /d/ 역시 부드럽게 굴려서 발음합니다.
If you want to slim down and get fit, you might set a goal of working out 3 days a week, and decrease in portion sizes. 만약 당신이 날씬해지고 건강해지길 원한다면, 당신은 일주일에 3일 운동하는 것과 같은 목표를 수립하고 섭취분량을 줄일 수 있다.	set a에서 모음 사이에 있는 /t/ 또한 부드럽게 굴려서 발음하면 좋습니다.
And you need to have short-term goals. 그리고 당신은 단기목표를 가질 필요가 있다.	and you는 /d/+/y/=/ʤ/로 구개음화가 가능합니다.

A year's too long, set a goal for a week. For 2 weeks at most, then see how you're doing. 1년은 너무 길다. 일주일의 목표를 수립하라. 기껏해야 2주 정도. 그리고 나서 당신이 어떻게 하는지를 지켜보라.	weeks at에서 weeks의 /s/를 at 쪽으로 자연스럽게 연음하여 발음합니다.
The best glue to help resolutions stick? Maybe resilience. 결심들을 들러붙게 도와주는 최고의 접착제는? 회복력일 수 있다.	• best glue에서 /s, t, g/의 자음 3개 중 가운데 자음 /t/가 생략되어 연음됩니다. • resolutions stick에서 같은 /s/ 소리는 자연스럽게 연결하여 발음합니다.
You have to expect a setback and get right back on track. The goal is progress towards your goal, not perfection. 당신은 실패를 예상하고 바로 원상태로 돌아와야 한다. 목표는 당신의 목표를 향한 진전이지, 완벽이 아니다.	back on에서 /k/를 자연스럽게 연음하여 발음합니다.
And try to make just one or two resolutions a year. More than that may be a recipe for failure. 그리고 1년에 딱 한두 개의 결심만 만들려고 노력하라. 그 이상은 실패의 비결이 될 뿐이다.	• try to에서 전치사 to의 /t/는 발음상 모음 사이에 있으므로 부드럽게 굴려서 발음합니다. • one or two에서 or의 소리는 [얼]처럼 약하게 됩니다. one or를 [워널]처럼 발음합니다.

REVIEW

문장 다시 말해보기

☝ 당신은 당신의 목표를 성취하는 것에 대해 현실적이어야 해요.
You have to _____.

✌ 그는 여자친구를 선택하는 것에 대해 현실적이어야 해요.
He has to _____.

🤟 우리는 그것에 대해 현실적이어야 해요.
We have to _____.

기초어순 복습훈련

1. 새해 결심을 하다
2. 차질을 다루다
3. 경험법칙
4. 날씬해지다, 군살을 빼다
5. 당신의 목표를 향한 진전

| 정답 | 1. make a new year's resolution / 2. handle setback / 3. rule of thumb / 4. slim down / 5. progress towards your goal

지금 이 순간 원어민이 쓰고 있는 회화표현

drown one's sorrows
술로 시름을 달래다

Emily   You reek of alcohol. Are you **drowning your sorrows**?
너에게서 술 냄새가 나는데. 술로 시름을 달래고 있는 거야?

Sam   Yeah. I broke up with her.
응. 나 그녀랑 헤어졌어.

- reek of sth   sth의 악취가 나다
- break up with sbd   sbd와 헤어지다

- reek of: reek의 /k/를 뒤로 붙여서 [ri: kʌv, 뤼 껍]
- broke up: broke의 /k/를 뒤로 붙여서 [brou kʌp, 브로우 껍]

Day 02

Burger King Serves Up Spam Burger
버거킹에서 스팸버거 요리를 내놓다

WARMING UP   전체 문장 의미파악

아래 문장을 가볍게 읽어보며 내용 흐름을 파악해보세요. 시간제한을 두고 읽어야 더욱 집중이 됩니다. 시~작!   01:30

  At the fast food counter, today's special—"The Spam Burger"—making its debut at Japan's Burger Kings.
  The Spam burger buyer said Japanese people in particular like Spam because they don't like meats. Burger King's marketing manager says, "Spam is very popular among Japanese ladies. They strongly asked us to create a Spam burger."
  So why is the Burger King convinced that this little Spam burger will do well in Japan especially among women?
  10 grams of fat, 270 calories and 640 milligrams of sodium. This is one of the healthier items on the Burger King menu.
  This is something you can only currently eat here in Japan.

Part 01   어휘·구문·문장 의미파악

Step 1   핵심어휘 의미
단어가 문장에서 어떻게 쓰이는지를 보기 위한 전 단계입니다. 핵심적인 의미파악을 꼭 해두세요!

- ☑ debut   데뷔, 첫 출연
- ☐ Japanese   일본인
- ☐ in particular   특히
- ☐ marketing manager   영업부장
- ☐ strongly   강하게
- ☐ convince   확신시키다
- ☐ sodium   나트륨
- ☐ currently   현재

Step 2   핵심구문 의미
스크립트에 들어가기 전에 멋지게 발음해볼 주요 표현을 미리 맛보자구요~

- ☑ in particular   특히
- ☐ among Japanese ladies   일본 여성들 사이에서
- ☐ do well in Japan   일본에서 성공하다

문장 말해보기 : in particular   특히

- I like mozzarella cheese *in particular*.
  나는 모차렐라 치즈를 특히 좋아한다.
- *In particular*, vitamin C is good for your skin.
  특히, 비타민 C는 당신의 피부에 좋다.
- The book *in particular* is gaining popularity.
  그 책은 특히 인기를 얻고 있다.

영어어순[직독직해] 이해하기

직독직해를 연습해봐요. 우리말과 영어는 어순이 달라서 어순감각을 살리는 훈련을 하지 않으면 영어가 얼른 이해가 되지 않아요. 한 줄씩 소리 내어 읽는 동시에 뜻을 생각하는 연습을 해봐요. 직접 읽고 나면 뒤에 나오는 영어발음 연습도 잘 될 거예요!

At the fast food counter, /	패스트푸드 카운터에서,
today's special—"The Spam Burger" /	오늘의 스페셜은 스팸버거이다
—making its debut at Japan's Burger Kings. //	일본의 버거킹에서 데뷔하고 있다.
The Spam burger buyer said /	스팸버거 바이어들은 말했다
Japanese people in particular like Spam /	일본사람들이 특히 스팸을 좋아한다고
because they don't like meats. //	왜냐하면 그들은 육류를 좋아하지 않기 때문이다.
Burger King's marketing manager says, /	버거킹의 영업부장은 말한다.
"Spam is very popular /	"스팸은 매우 인기가 있습니다
among Japanese ladies. //	일본 여성들 사이에서.
They strongly asked us /	그들은 강하게 우리에게 요청했습니다
to create a Spam burger." //	스팸버거를 만들어달라고."
So why is the Burger King convinced /	그래서 왜 버거킹은 확신했는가
that this little Spam burger will do well in Japan /	이 작은 스팸버거가 일본에서 성공할 것이라고
especially among women? //	특히 여성들 사이에서?
10 grams of fat, /	10g의 지방,
270 calories and 640 milligrams of sodium. //	270kcal와 640mg의 나트륨.
This is one of the healthier items /	이것은 건강에 좋은 아이템 중 하나이다
on the Burger King menu. //	버거킹 메뉴에서.
This is something /	이것은 어떤 것이다
you can only currently eat here in Japan. //	당신이 유일하게 일본에서 현재 먹을 수 있는.

Part 02　　소리[발음] 연습

*저자의 음성강의와 함께 학습하세요.

Step 1　핵심소리[발음] 연습

우리가 늘상 해왔던 대로 영어를 발음하면 자연스러움이 다소 떨어질 수 있어요. 여기에서는 소리현상 몇 가지를 정리해봤어요. 글로도 설명을 해 놓았지만, 조금 번거롭더라도 mp3 음성강의를 들으며 따라 해보면 훨씬 좋아요!

[자음+자음+자음] 덩어리일 땐 가운데 자음 소리 탈락	자음이 3개일 땐 가운데 자음이 탈락되어 연음된다! **e.g.** fast food
'-t' + 'ly'일 때 '-t' 막힘소리	단어 끝이 '-t'로 끝나고 여기에 'ly'가 붙으면 이때 /-t/를 터뜨리지 않는다! **e.g.** currently

Step 2　핵심어휘소리 연습

정확한 소리도 모른 채 뜻만 달랑 알아가는 단어학습은 반쪽짜리 영어입니다! 정확한 소리를 알아둬야 내가 발음할 때 외국인도 잘 알아듣게 되는 것이지요~ 원어민 소리도 잘 들릴 거구요! 어휘소리를 직접 저와 함께 발음해 보며 전체 문장 발음을 위한 기반을 닦아보시죠!

1. de-bút
[강세] 두 번째 음절
발음방법 프랑스에서 온 단어 중에 마지막 't'는 묵음(silent sound)이 되는 경우가 많습니다. 발음도 [데이뷰]입니다.

2. marketing manager
[강세] –
발음방법 '-ket'로 끝나는 단어는 [켓]이 아니라 [낏]으로 발음합니다. jacket, ticket, pocket, rocket, basket, cricket, blanket이 좋은 예입니다.

3. Ja-pa-nése
[강세] 세 번째 음절
발음방법 [재퍼니즈]로 많이들 발음하지만, [쮀뻐니~즈]처럼 발음합니다.

4. e-spé-cial-ly

[강세] 두 번째 음절

발음방법 /s/ 다음에 오는 /p/는 된소리로 발음합니다.

5. ítem

[강세] 첫 번째 음절

발음방법 level, system, license와 더불어 한국인이 고쳐야 할 4대 단어발음 가운데 하나입니다. 공통점이 보이나요? 'e'에 강세가 없으므로 [으] 느낌으로 [아이름], [레블], [씨스뜸], [라이쓴스]라고 발음합니다.

6. cúrrently

[강세] 첫 번째 음절

발음방법 '-ly' 앞에 있는 't'는 끊어서 발음합니다.

Step 3 전체 문장 발음/리스닝 실전연습

이제 실전이에요! 앞에서 배운 소리[발음]현상과 어휘소리를 바탕으로 전체 문장이 정확히 어떻게 발음되는지 mp3 음성강의를 통해 함께 연습하시죠!

전체 문장 및 해석	🔊 김일승의 발음 코치
At the fast food counter, today's special—"The Spam Burger"— making its debut at Japan's Burger Kings. 패스트푸드 카운터에서, 오늘의 스페셜은 일본의 버거킹에서 데뷔하는 스팸버거이다.	debut의 발음은 [데뷰]입니다. 우리가 하는 [데뷰]나 [데뷔]와는 다른 발음입니다. 프랑스에서 온 단어 중에는 마지막 't'를 발음하지 않는 것들이 많이 있습니다 (bouquet, buffet, gourmet 등).
The Spam burger buyer said Japanese people in particular like Spam because they don't like meats. 스팸버거 바이어들은 일본사람들이 육류를 좋아하지 않기 때문에 특히 스팸을 좋아한다고 말했다.	because의 발음기호는 [bikɔz]입니다. [비코우즈]라고 발음하는 한국인이 거의 대부분인데, 차라리 [비커~즈]로 발음하세요.
Burger King's marketing manager says, "Spam is very popular among Japanese ladies. They strongly asked us to create a Spam burger." "스팸은 일본 여성들 사이에서 매우 인기가 있습니다. 그들은 우리에게 스팸버거를 만들어달라고 강하게 요청했습니다."라고 버거킹의 영업부장은 말한다.	market의 발음은 [마켓]이 아니라 [마낏]입니다. 그러므로 marketing은 [마케팅]이 아니라 [마끼링]으로 발음합니다.
So why is the Burger King convinced that this little Spam burger will do well in Japan especially among women? 그래서 왜 이 작은 스팸버거가 일본에서 특히 여성들 사이에서 성공할 것이라고 버거킹은 확신했는가?	especially에서 /s/ 다음에 오는 /p/는 된소리로 발음하므로 [이스뻬셜리]처럼 소리 내면 됩니다.
10 grams of fat, 270 calories and 640 milligrams of sodium. This is one of the healthier items on the Burger King menu. 10g의 지방, 270kcal, 그리고 640mg의 나트륨. 이것은 버거킹 메뉴에서 건강에 좋은 아이템 중 하나이다.	앞에서도 언급했듯이 한국인이 고쳐야 할 4대 영어발음이 있습니다. level, system, license, item이 그것인데, level은 [레블]로, system은 [씨스뜸]으로, license는 [라이쓴스]로, item은 [아이틈] 혹은 [아이름]으로 발음하면 됩니다.
This is something you can only currently eat here in Japan. 이것은 일본에서 당신이 현재 먹을 수 있는 것이다.	currently처럼 단어 끝이 '-t'+ '-ly'일 땐 저 't'를 터뜨리지 않고 발음합니다.

REVIEW

문장 다시 말해보기

- 나는 모차렐라 치즈를 특히 좋아한다.
  I like _____.

- 특히, 비타민 C는 당신의 피부에 좋다.
  _____, vitamin C _____.

- 그 책은 특히 인기를 얻고 있다.
  The book _____.

기초어순 복습훈련

1. 일본 여성들 사이에서
2. 일본에서 성공하다
3. 영업부장

| 정답 | 1. among Japanese ladies / 2. do well in Japan / 3. marketing manager

Day 03

Korean Skater, Yuna Kim
김연아 – 대한민국의 자랑스러운 스케이터

WARMING UP 전체 문장 의미파악

아래 문장을 가볍게 읽어보며 내용 흐름을 파악해보세요. 시간제한을 두고 읽어야 더욱 집중이 됩니다. 시~작!

Korean skating sensation Kim Yuna is nicknamed 'the queen' and 'the fairy of the ice'.
According to IB Sports Magazine, the company that represents Kim, the young skater has already landed 10 million dollars in sponsorships and endorsement deals.
What is Kim's appeal? Obviously, she's a gifted skater. But marketers told me that she looks like she could be your sister, your daughter or the girl next door.
In the ad by Nike, you have Kim skating on the ice erasing messages written in Korean.
That message suggest self-doubt with questions like "Can I perform without making mistakes?"
Now another reason for Kim's popularity is that she is one of a handful of Asians succeeding in a field long-dominated by countries from the west. Koreans are known for the nationalism and take pride when one of them is ranked the best in the world.

Part 01 어휘·구문·문장 의미파악

Step 1 핵심어휘 의미
단어가 문장에서 어떻게 쓰이는지를 보기 위한 전 단계입니다. 핵심적인 의미파악을 꼭 해두세요!

- ☑ sensation — 돌풍을 일으키는 것, 센세이션
- ☐ fairy — 요정
- ☐ represent — 대표하다
- ☐ appeal — 매력
- ☐ obviously — 분명히, 명백히
- ☐ gifted — 타고난
- ☐ erase — 지우다
- ☐ self-doubt — 자기회의
- ☐ popularity — 인기
- ☐ dominate — 군림하다, 지배하다
- ☐ nationalism — 애국심

Step 2 핵심구문 의미
스크립트에 들어가기 전에 멋지게 발음해볼 주요 표현을 미리 맛보자구요~

- ☑ according to *sth* — *sth*에 따르면
- ☐ endorsement deal — 보증계약
- ☐ gifted skater — 타고난 스케이터
- ☐ a handful of *sth* — 소수의 *sth*
- ☐ take pride — 자부심을 갖다

문장 말해보기 : be known for *sth*   *sth*로 알려져 있다.

1. He *is known for* a famous English teacher.
   그는 유명한 영어선생님으로 알려져 있다.

2. Kris *is known for* the cleanness.
   Kris는 청결로 알려져 있다.

3. This book *is* best *known for* its unique audio book.
   이 책은 독특한 오디오북으로 가장 잘 알려져 있다.

Step 3 영어어순[직독직해] 이해하기

직독직해를 연습해봐요. 우리말과 영어는 어순이 달라서 어순감각을 살리는 훈련을 하지 않으면 영어가 얼른 이해가 되지 않아요. 한 줄씩 소리 내어 읽는 동시에 뜻을 생각하는 연습을 해봐요. 직접 읽고 나면 뒤에 나오는 영어발음 연습도 잘 될 거예요!

Korean skating sensation Kim Yuna /	한국의 스케이팅 센세이션 김연아는
is nicknamed /	별명으로 불려졌다
'the queen' and 'the fairy of the ice'. //	'여왕', 그리고 '얼음의 요정'이라는.
According to IB Sports Magazine, /	IB Sports Magazine에 따르면,
the company that represents Kim, /	김연아를 대표하는 회사인,
the young skater has already landed 10 million dollars /	그 젊은 스케이터는 이미 1,000만 달러를 획득했다
in sponsorships and endorsement deals. //	스폰서십과 보증계약으로.
What is Kim's appeal? //	김연아의 매력은 무엇인가?
Obviously, she's a gifted skater. //	분명히, 그녀는 타고난 스케이터이다.
But marketers told me that /	하지만 마케터들은 우리에게 말했다
she looks like she could be your sister, /	그녀는 당신의 여동생일 수 있는 것처럼 보이고,
your daughter or the girl next door. //	당신의 딸 또는 옆집 소녀처럼 보일 수 있다.
In the ad by Nike, /	나이키 광고에서,
you have Kim skating on the ice /	당신은 김연아가 얼음판 위에서 스케이트 타는 것을 본다
erasing messages written in Korean. //	한글로 적힌 메시지들을 지우면서.
That message suggest self-doubt /	그 메시지는 자기회의를 암시한다
with questions like "Can I perform without making mistakes?" //	"내가 실수 없이 할 수 있을까?"와 같은 질문과 함께.

Now another reason for Kim's popularity is that /

she is one of a handful of Asians succeeding in a field /

long-dominated by countries from the west. //

Koreans are known for the nationalism /

and take pride /

when one of them is ranked the best in the world. //

김연아 인기의 또 다른 이유는

그녀는 그 분야에서 성공한 몇 안 되는 아시아인 중 한 명이기 때문이다

서양 나라들에 의해 장기간 점령되었던.

한국인들은 민족주의로 잘 알려져 있고

그리고 자부심을 갖는다

그들 중의 하나가 세계 최고에 랭크 됐을 때.

Part 02　소리[발음] 연습

*저자의 음성강의와 함께 학습하세요.

핵심소리[발음] 연습

우리가 늘상 해왔던 대로 영어를 발음하면 자연스러움이 다소 떨어질 수 있어요. 여기에서는 소리현상 몇 가지를 정리해봤어요. 글로도 설명을 해 놓았지만, 조금 번거롭더라도 mp3 음성강의를 들으며 따라 해보면 훨씬 좋아요!

[자음+자음+자음] 덩어리일 땐 가운데 자음 소리 탈락

자음이 3개일 땐 가운데 자음이 탈락되어 연음 된다!
e.g. nex**t** door, represen**t**s, ran**k**ed the

/-tn-/일 때 /t/는 끊기는 소리

발음기호가 /-tn-/ 형태일 땐 /t/는 마치 끊기는 소리처럼 들린다!
e.g. written[ri**tn**]

핵심어휘소리 연습

정확한 소리도 모른 채 뜻만 달랑 알아가는 단어학습은 반쪽짜리 영어입니다! 정확한 소리를 알아둬야 내가 발음할 때 외국인도 잘 알아듣게 되는 것이지요~ 원어민 소리도 잘 들릴 거구요! 어휘소리를 직접 저와 함께 발음해 보며 전체 문장 발음을 위한 기반을 닦아보시죠!

1. sen-sá-tion

[강세] 두 번째 음절

발음방법 명사형 접미사인 '-tion' 바로 앞 음절에 항상 강세가 옵니다.

2. fáiry

[강세] 첫 번째 음절

발음방법 [페어리]처럼 [ㄹ] 발음으로 포기하지 말고 **fair-y**처럼 **fair**를 먼저 발음하고 그 다음에 '이'를 붙이는 느낌으로 발음해보기 바랍니다.

3. re-pre-sént

[강세] 세 번째 음절

발음방법 모음 앞의 'r'은 입술을 오므렸다가 펼치면서 발음합니다.

4. már-ke-ter

[강세] 첫 번째 음절

발음방법 '-ket' 패턴은 항상 [낏]으로 발음합니다. pocket, ticket, racket, rocket, picket도 함께 연습해봅시다.

5. e-ráse

[강세] 두 번째 음절

발음방법 erase의 발음기호는 [ireis]입니다. 끝소리가 [s]이므로 erasing도 [이레이싱]으로 발음해야 합니다.

6. mé-ssage

[강세] 첫 번째 음절

발음방법 [메세지]가 아닌 [mesidʒ]로 발음합니다.

7. self-dóubt

[강세] 두 번째 음절

발음방법 doubt에서 'b'는 아예 소리가 나지 않습니다. comb, tomb, subtle, plumber도 함께 연습해봅시다.

8. po-pu-lár-ity

[강세] 세 번째 음절

발음방법 다음과 같이 연습해 봅니다. po 발음하고 → pu 발음하고 → lar 발음하고 → i 발음하지 말고 → ty 이렇게 발음해봅시다!

9. hánd-ful

[강세] 첫 번째 음절

발음방법 자음이 3개일 땐 가운데 자음을 탈락시킬 수 있으므로 [핸풀]로 발음합니다.

Step 3 | 전체 문장 발음/리스닝 실전연습

이제 실전이에요! 앞에서 배운 소리[발음]현상과 어휘소리를 바탕으로 전체 문장이 정확히 어떻게 발음되는지 mp3 음성강의를 통해 함께 연습하시죠!

전체 문장 및 해석	📢 김일승의 발음 코치
Korean skating sensation Kim Yuna is nicknamed 'the queen' and 'the fairy of the ice'. 한국의 스케이팅 센세이션 김연아는 '여왕', 그리고 '얼음의 요정'이라는 별명으로 불려졌다.	skating의 발음교정을 해봅시다! /s/ 다음에 오는 /k/는 된소리로 발음하고, 모음 사이의 /t/는 굴려서 발음합니다.
According to IB Sports Magazine, the company that represents Kim, the young skater has already landed 10 million dollars in sponsorships and endorsement deals. 김연아를 대표하는 회사인 IB Sports Magazine에 따르면 그 젊은 스케이터는 스폰서십과 보증계약으로 이미 1,000만 달러를 획득했다.	흔히들 '스폰서십'이라고 쓰는 외국어인 sponsorships는 [스빤서십]으로 발음합니다.
What is Kim's appeal? 김연아의 매력은 무엇인가?	appeal은 두 번째 음절에 힘을 주면서 인토네이션을 만들어 발음합니다.
Obviously, she's a gifted skater. 분명히, 그녀는 타고난 스케이터이다.	gifted skater를 [기프띳] 하고 참다가 [스께이럴]로 발음합니다.
But marketers told me that she looks like she could be your sister, your daughter or the girl next door. 하지만 마케터들은 그녀는 당신의 여동생일 수 있는 것처럼 보이고, 당신의 딸 또는 옆집 소녀처럼 보일 수 있다고 우리에게 말했다.	could be는 [쿠드 비]라고 문법공부 할 때처럼 읽지 말고, [쿳 비]로 읽어봅니다.
In the ad by Nike, you have Kim skating on the ice erasing messages written in Korean. 나이키 광고에서, 당신은 김연아가 한글로 적힌 메시지들을 지우면서 얼음판 위에서 스케이트 타는 것을 본다.	여기서는 written에 한번 집중해봅시다. [뤼튼]도 맞지만, 미국인처럼 [륏] 먼저 발음했다가 [은]을 딱 끊어서 발음해봅니다.
That message suggest self-doubt with questions like "Can I perform without making mistakes?" 그 메시지는 "내가 실수 없이 할 수 있을까?"와 같은 질문과 함께 자기회의를 암시한다	perform은 /p/ 발음과 /f/ 발음이 연달아 나오므로 다소 헷갈리더라도 틀리지 않게 잘 발음합니다.
Now another reason for Kim's popularity is that she is one of a handful of Asians succeeding in a field long-dominated by countries from the west. 김연아 인기의 또 다른 이유는 그녀가 서양 나라들에 의해 장기간 점령되었던 분야에서 성공한 몇 안 되는 아시아인 중 한 명이기 때문이다.	'dominated' 발음 어떻게 하고 있나요? [다머네이릿]처럼 발음해보기 바랍니다. 어차피 한글로는 영어발음을 똑같이 표기할 수 없으니 음성강의를 잘 들어보는 것, 잊지 마세요!
Koreans are known for the nationalism and take pride when one of them is ranked the best in the world. 한국인들은 민족주의로 잘 알려져 있고 그들 중의 하나가 세계 최고에 랭크됐을 때 자부심을 갖는다.	'ranked the' 이 부분이 힘들겠네요. 복잡하겠지만 설명해 나아갑니다. 자음이 3개일 때 가운데 자음이 탈락됩니다. [ræŋkt ðə]에서 가운데 자음이 빠지면 [ræŋt ðə]로, 여기서 또 빠지면 결국 [ræŋ ðə]로 되면서 우리 귀에 들립니다. 우리도 저렇게 발음해봅시다!

REVIEW

문장 다시 말해보기

☝ 그는 유명한 영어선생님으로 알려져 있다.
He is _____.

✌ Kris는 청결로 알려져 있다.
Kris is _____.

👇 이 책은 독특한 오디오북으로 가장 잘 알려져 있다.
This book _____.

기초어순 복습훈련

1. 타고난 스케이터
2. 한글로 적힌
3. 실수들을 하지 않고
4. 몇 안 되는 아시아인들
5. 최고에 랭크되다

| 정답 | 1. a gifted skater / 2. written in Korean / 3. without making mistakes / 4. a handful of Asians / 5. be ranked the best

Day 04

Conversation: At the Cafe
카페에서

WARMING UP 전체 문장 의미파악

아래 문장을 가볍게 읽어보며 내용 흐름을 파악해보세요. 시간제한을 두고 읽어야 더욱 집중이 됩니다. 시~작!

Waitress: Hi, what can I get for you?
Zach: I'll have a small latte please.
Waitress: Would you like that with 2% milk?
Zach: I'll take it with whole milk please.
Waitress: Okay, could I have your name please?
Zach: Zach.
Waitress: Alright, we'll have that right up for you.
Zach: Okay, thanks!

(5 minutes later)

Zach: I'm sorry but I accidentally spilled my latte on the floor. Is there any way I could get another one?
Waitress: Sure, I'll make another one for you. Where did you spill it?
Zach: Over there by the magazine rack.
Waitress: Okay, let me get someone over there to clean that up for you.
Zach: I really appreciate it.
Waitress: No problem. I'll have your latte for you in a minute.
Zach: Thanks!

Part 01　　　　　　　　어휘·구문·문장 의미파악

핵심어휘 의미
단어가 문장에서 어떻게 쓰이는지를 보기 위한 전 단계입니다. 핵심적인 의미파악을 꼭 해두세요!

- ☑ latte　　　　　　　　　　　　라테
- ☐ whole milk　　　　　　　　　전유(일반 우유)
- ☐ accidentally　　　　　　　　 뜻하지 않게
- ☐ spill　　　　　　　　　　　　쏟다
- ☐ rack　　　　　　　　　　　　선반
- ☐ appreciate　　　　　　　　　감사해하다

핵심구문 의미
스크립트에 들어가기 전에 멋지게 발음해볼 주요 표현을 미리 맛보자구요~

- ☑ What can I get for you?　　　　　　무엇을 갖다 드릴까요?(주문받을 때)
- ☐ I'll have a small latte.　　　　　　 라테 작은 것 하나 주세요.
- ☐ We'll have that right up for you.　 바로 가져다 드리겠습니다.
- ☐ I really appreciate it.　　　　　　　정말 감사합니다.

문장 말해보기 : accidentally　실수로

☝ Tom *accidentally* dropped his wallet in the pond.
　　Tom은 실수로 그의 지갑을 연못에 떨어뜨렸다.

✌ The text message was *accidentally* sent to my mother.
　　그 문자메시지는 실수로 나의 어머니에게 전송되었다.

🖐 That dog could *accidentally* hurt people.
　　저 개는 실수로 사람들을 해칠 수 있다.

영어어순[직독직해] 이해하기

직독직해를 연습해봐요. 우리말과 영어는 어순이 달라서 어순감각을 살리는 훈련을 하지 않으면 영어가 얼른 이해가 되지 않아요. 한 줄씩 소리 내어 읽는 동시에 뜻을 생각하는 연습을 해봐요. 직접 읽고 나면 뒤에 나오는 영어발음 연습도 잘 될 거예요!

Waitress: Hi, what can I get for you?	안녕하세요, 무엇을 갖다 드릴까요?
Zach: I'll have a small latte, please.	라테 작은 것 하나 주세요.
Waitress: Would you like that with 2% milk?	저지방 우유로 해드릴까요?
Zach: I'll take it with whole milk please.	전유(일반 우유)로 할게요.
Waitress: Okay, could I have your name please?	좋아요. 당신의 이름을 알 수 있을까요?
Zach: Zach.	Zach입니다.
Waitress: Alright, we'll have that right up for you.	좋습니다, 바로 가져다 드릴게요.
Zach: Okay, thanks!	좋아요, 감사합니다!
(5 minutes later)	(5분 후)
Zach: I'm sorry but I accidentally spilled my latte on the floor. Is there any way I could get another one?	죄송합니다만, 제가 실수로 제 라테를 바닥에 엎질렀습니다. 하나 더 얻을 수 있는 다른 방법이 있을까요?
Waitress: Sure, I'll make another one for you. Where did you spill it?	물론이죠, 하나 더 만들어 드릴게요. 어디에 엎질렀나요?
Zach: Over there by the magazine rack.	잡지 선반 옆 저기요.
Waitress: Okay, let me get someone over there to clean that up for you.	좋아요, 누군가를 거기에 보내 그것을 깨끗이 하게 하겠습니다.
Zach: I really appreciate it.	정말 감사합니다.
Waitress: No problem. I'll have your latte for you in a minute.	문제없어요. 곧 당신의 라테를 드릴게요.
Zach: Thanks!	고맙습니다!

Part 02　　　　　　　　　　　　소리[발음] 연습

*저자의 음성강의와 함께 학습하세요.

핵심소리[발음] 연습

우리가 늘상 해왔던 대로 영어를 발음하면 자연스러움이 다소 떨어질 수 있어요. 여기에서는 소리현상 몇 가지를 정리해봤어요. 글로도 설명을 해 놓았지만, 조금 번거롭더라도 mp3 음성강의를 들으며 따라 해보면 훨씬 좋아요!

'I'll'은 [aI], 'we'll'은 [wil]

I will의 축약형인 I'll은 [aI]로 발음하고, we will의 축약형인 we'll은 [wil]로 발음한다. 이때 [l]은 모두 혀뿌리로 발음한다!

> **e.g.** I'll take it with whole milk, please.
> We'll have that right up for you.

[dʒ]와 [z] 발음의 차이

Jack의 첫소리는 [dʒ](혓바닥소리)인 반면에, Zach의 첫소리는 [z](혀끝소리)이다!

> **e.g.** Jack vs. Zach, Joan vs. zone
> 　　　 [dʒ]　　[z]　　 [dʒ]　　[z]

핵심어휘소리 연습

정확한 소리도 모른 채 뜻만 달랑 알아가는 단어학습은 반쪽짜리 영어입니다! 정확한 소리를 알아둬야 내가 발음할 때 외국인도 잘 알아듣게 되는 것이지요~ 원어민 소리도 잘 들릴 거구요! 어휘소리를 직접 저와 함께 발음해 보며 전체 문장 발음을 위한 기반을 닦아보시죠!

1. látte

[강세] 첫 번째 음절

발음방법 우리말처럼 [라떼]로 발음하면 안 됩니다. [late, 라테] 또는 [latei, 라테이]로 발음합니다.

2. whole milk

[강세] –

발음방법 발음기호는 [houl milk]인데, 진하게 표시한 'L'은 혀뿌리를 당겨서 발음합니다.

3. ac-ci-dén-tal-ly

[강세] 세 번째 음절

발음방법 원래 발음은 [액써덴틀리]이지만, accidentally에서 모음 사이의 '-nt-'일 때 /t/가 탈락될 수 있다면 [액써데늘리]처럼도 발음할 수 있습니다.

4. spill

[강세] –

발음방법 /s/ 다음에 오는 /p/는 된소리로 발음하므로 [스필] 보다는 [스삘]처럼 발음합니다.

5. rack
[강세] –
발음방법 모음 앞의 'r'은 입술을 오므렸다가 펼치면서 [뤡]처럼 발음합니다. 입술을 쓰지 않고 발음하면 원어민은 lack으로 들으니 주의하세요!

6. ap-pré-ci-ate
[강세] 두 번째 음절
발음방법 [어프리쉬에잇]으로 발음하는데, '-c-'는 [-si-, 씨]가 아니라 [-ʃi-, 쉬]라는 점을 유의합니다.

Step 3 전체 문장 발음/리스닝 실전연습

이제 실전이에요! 앞에서 배운 소리[발음]현상과 어휘소리를 바탕으로 전체 문장이 정확히 어떻게 발음되는지 mp3 음성강의를 통해 함께 연습하시죠!

전체 문장 및 해석	김일승의 발음 코치
Hi, what can I get for you? 안녕하세요, 무엇을 갖다 드릴까요?	여기서 can은 의미상 크게 중요하지 않으므로, [캔]보다 [큰]으로 약하게 발음합니다.
I'll have a small latte please. 라테 작은 것 하나 주세요.	I'll은 [알]로 발음하되, 모음 뒤 L을 혀뿌리를 사용해서 소리내보고, latte는 [라테] 혹은 [라테이]로 발음해봅니다.
Would you like that with 2% milk? 저지방 우유로 해드릴까요?	Would you는 구개음화가 일어나 /d/+/y/ =/dʒ/가 될 수 있으므로 [우쥬]로 발음해보고, 2%의 percent는 '-cént'에 강세가 있다는 것을 유의합니다.
I'll take it with whole milk please. 전유(일반 우유)로 할게요.	take it은 take의 /k/를 it쪽으로 붙여서 [tei kit, 테이킷]처럼 연음합니다.
Okay, could I have your name please? 좋아요, 당신의 이름을 알 수 있을까요?	Could I는 모음 사이의 /d/를 부드럽게 굴려 [크라이]처럼 연음합니다.
Zach. Zach 입니다.	/z/는 혀끝 소리입니다. Jack처럼 혓바닥으로 발음하지 않게 주의합니다.
Alright, we'll have that right up for you. 좋습니다, 바로 가져다 드릴게요.	• we'll은 [윌]로 발음하되, 모음 뒤 L은 혀뿌리를 당기면서 발음합니다. • right up은 모음 사이의 /t/를 부드럽게 굴려 [롸이럽]처럼 연음할 수 있습니다.
Okay, thanks! 좋아요, 감사합니다!	thanks에서 /th/ 발음은 반드시 혀끝으로 합니다.

I'm sorry but I accidentally spilled my latte on the floor. Is there any way I could get another one? 죄송합니다만, 제가 실수로 제 라테를 바닥에 엎질렀습니다. 하나 더 얻을 수 있는 다른 방법이 있을까요?	• accidentally에서 모음 사이의 /nt/일 때 /t/를 탈락시켜 [액써데늘리]처럼 발음할 수 있습니다. • get another은 모음 사이의 /t/를 부드럽게 굴려 [게러나더]처럼 연음할 수 있습니다.
Sure, I'll make another one for you. Where did you spill it? 물론이죠, 하나 더 만들어 드릴게요. 어디에 엎질렀나요?	• did you는 구개음화가 일어나 /d/+/y/= /dʒ/로 연음될 수 있으므로 [디쥬]로 읽어 보도록 합니다. • spill it은 [스삘럿]으로 연음합니다.
Over there by the magazine rack. 잡지 선반 옆 저기요.	'magazine'과 '매거진'은 다릅니다. 매거진의 [진]은 혓바닥에서 소리가 나는 반면 magazine의 [z]는 혀끝에서 소리 난다는 사실을 챙기도록 합니다.
Okay, let me get someone over there to clean that up for you. 좋아요, 누군가를 거기에 보내 그것을 깨끗이 하게 하겠습니다.	that up은 모음 사이의 /t/를 부드럽게 굴려 [대럽]처럼 연음할 수 있습니다.
I really appreciate it. 정말 감사합니다.	appreciate it은 모음 사이의 /t/를 부드럽게 굴려 [어프뤼씨에이릿]처럼 연음할 수 있습니다.
No problem. I'll have your latte for you in a minute. 문제없어요. 곧 당신의 라테를 드릴게요.	'I'의 원래 소리는 [aɪ, 아일]인데, 이게 더 빨라지면 [al, 알]로도 들릴 수 있습니다.
Thanks! 고맙습니다!	–

REVIEW

문장 다시 말해보기

① Tom은 실수로 그의 지갑을 연못에 떨어뜨렸다.
Tom _____.

② 그 문자메시지는 실수로 나의 어머니에게 전송되었다.
The text message _____.

③ 저 개는 실수로 사람들을 해칠 수 있다.
That dog could _____.

기초어순 복습훈련

1. 나의 라테를 엎지르다
2. 즉각

| 정답 | 1. spill my latte / 2. in a minute

Day 05

Mosquito Season — Fight the Bite
모기시즌 – 물림과 싸워라

WARMING UP   전체 문장 의미파악

아래 문장을 가볍게 읽어보며 내용 흐름을 파악해보세요. 시간제한을 두고 읽어야 더욱 집중이 됩니다. 시~작!

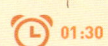

It's mosquito season again.
Although most of these flying pests are harmless, some can carry serious illnesses such as West Nile and Dengue Fever.
So, authorities say, you need to guard against them.
"The most important thing we could do was get a message out to the people who lived there that they had to partner with us to knock down the mosquito population."
So, they sent representatives door to door and asked residents to get rid of standing water, and protect themselves with bug spray and long clothing.
Mosquito experts say, in order to avoid being bitten, try these tips:
Dress with long sleeves and long pants during dusk and dawn when mosquitos are more prevalent.
Get rid of standing water around your home because mosquitoes love to breed in water.
And, of course, use an insect repellent.
And always keep an eye on public health alerts to make sure you're doing your part to fight the bite.

Part 01　　　어휘·구문·문장 의미파악

 **핵심어휘 의미**
단어가 문장에서 어떻게 쓰이는지를 보기 위한 전 단계입니다. 핵심적인 의미파악을 꼭 해두세요!

- ☑ mosquito — 모기
- ☐ pest — 해충
- ☐ harmless — 무해한
- ☐ dengue — 뎅기열
- ☐ authority — 정부당국
- ☐ representative — 대표
- ☐ resident — 거주자
- ☐ standing water — 고여 있는 물
- ☐ sleeve — 소매
- ☐ dusk — 황혼
- ☐ dawn — 새벽
- ☐ prevalent — (특정 시기, 장소에) 널리 퍼져있는
- ☐ breed — 새끼를 낳다
- ☐ repellent — 살충제

Step 2 핵심구문 의미
스크립트에 들어가기 전에 멋지게 발음해볼 주요 표현을 미리 맛보자구요~

- ☑ get a message out — 메시지를 발행하다
- ☐ partner with us — 우리와 함께 제휴하다
- ☐ knock down the mosquito population — 모기 수를 줄이다
- ☐ door to door — 집집마다
- ☐ get rid of standing water — 고인 물을 제거하다
- ☐ avoid being bitten — 물림을 피하다
- ☐ breed in water — 물에 새끼를 낳다
- ☐ keep an eye on public health alert — 공중보건알림을 지켜보다
- ☐ do your part — 당신의 임무를 다 하다

> **문장 말해보기 : keep an eye on *sth* *sth*를 주시하다**
>
> ① I can *keep an eye on* this for you.
> 제가 당신을 위해서 이것을 지켜볼 수 있어요.
>
> ② *Keep an eye on* North Korea.
> 북한을 주시하라.
>
> ③ You need to *keep an eye on* how your money is spent.
> 당신의 돈이 어떻게 소비되는지 주시할 필요가 있다.

Step 3 영어어순[직독직해] 이해하기

직독직해를 연습해봐요. 우리말과 영어는 어순이 달라서 어순감각을 살리는 훈련을 하지 않으면 영어가 얼른 이해가 되지 않아요. 한 줄씩 소리 내어 읽는 동시에 뜻을 생각하는 연습을 해봐요. 직접 읽고 나면 뒤에 나오는 영어발음 연습도 잘 될 거예요!

It's mosquito season again. //	다시 모기 시즌이다.
Although most of these flying pests /	비록 이러한 날아다니는 해충들의 대부분이
are harmless, /	무해하지만,
some can carry serious illnesses /	몇몇은 심각한 질병들을 수반할 수 있다
such as West Nile and Dengue Fever. //	웨스트나일과 뎅기열과 같은.
So, authorities say, /	그래서, 당국에서는 말한다,
you need to guard against them. //	당신은 그것들로부터 보호할 필요가 있다고.
"The most important thing we could do /	"우리가 할 수 있었던 가장 중요한 것은
was get a message out to the people who lived there /	그곳에 살았던 사람들에게 메시지를 발행하는 것이었다
that they had to partner with us /	그들이 우리와 함께 파트너 관계를 맺어야 한다고
to knock down the mosquito population." //	모기 수를 줄이기 위해."
So, they sent representatives door to door /	그래서, 그들은 집집마다 대표들을 보냈다
and asked residents to get rid of standing water, /	그리고 거주자들에게 고여 있는 물을 제거하라고,
and protect themselves with bug spray and long clothing. //	그리고 살충스프레이와 긴 옷으로 그들 스스로를 보호하기를 요청했다.
Mosquito experts say, /	모기 전문가들은 말한다,
in order to avoid being bitten, /	물림방지를 위해,

try these tips: //

Dress with long sleeves and long pants /

during dusk and dawn /

when mosquitos are more prevalent. //

Get rid of standing water around your home /

because mosquitoes love to breed in water. //

And, of course, use an insect repellent. //

And always keep an eye on public health alerts /

to make sure you're doing your part to fight the bite. //

이러한 팁들을 시도하라고:

긴소매와 긴바지를 입어라

황혼과 새벽 동안엔

모기들이 더욱 많을 때인.

집 주위의 고인 물을 제거하라

모기들이 물에 알을 낳기 좋아하기 때문에.

그리고, 물론 곤충 방충제를 사용하라.

그리고 항상 공중위생알림을 지켜보라

벌레물림과 싸우기 위해 당신의 임무를 다 하고 있는지를 확인하기 위해.

Part 02　소리[발음] 연습

*저자의 음성강의와 함께 학습하세요.

핵심소리[발음] 연습

우리가 늘상 해왔던 대로 영어를 발음하면 자연스러움이 다소 떨어질 수 있어요. 여기에서는 소리현상 몇 가지를 정리해봤어요. 글로도 설명을 해 놓았지만, 조금 번거롭더라도 mp3 음성강의를 들으며 따라 해보면 훨씬 좋아요!

/-tn-/일 때 /t/는 끊기는 소리

발음기호가 /-tn-/형태일 땐 /t/는 마치 끊기는 소리처럼 들린다!

e.g. important[impɔrtnt], bitten[bitn]

/d/ + /y/ = /dʒ/

단어 끝 /d/와 단어 첫 /y/가 만나면 /dʒ/로 구개음화 현상이 발생한다!

e.g. around‿your

핵심어휘소리 연습

정확한 소리도 모른 채 뜻만 달랑 알아가는 단어학습은 반쪽짜리 영어입니다! 정확한 소리를 알아둬야 내가 발음할 때 외국인도 잘 알아듣게 되는 것이지요~ 원어민 소리도 잘 들릴 거구요! 어휘소리를 직접 저와 함께 발음해 보며 전체 문장 발음을 위한 기반을 닦아보시죠!

1. mo-squí-to

[강세] 두 번째 음절

[발음방법] /s/ 다음에 오는 /k/는 된소리로 발음하므로 [모스퀴토]라고 읽지 말고 [머스끼로우]처럼 발음합니다.

2. au-thór-i-ty

[강세] 두 번째 음절

[발음방법] 이 단어는 'r' 발음을 잘해야 합니다. authority에서 '-thor-'까지를 먼저 발음하고, '-i-'는 발음하지 말고 바로 /t/를 부드럽게 굴려서 발음합니다.

3. im-mé-diate-ly

[강세] 두 번째 음절

[발음방법] 단어 끝이 '-t' + '-ly' 형태일 땐 /t/를 터뜨리지 않고 발음합니다. [이미디어틀리]보다는 [이미디엇] 하고 [리]를 바로 붙이는 식으로 발음합니다.

4. re-pre-sén-ta-tive

[강세] 세 번째 음절

발음방법 모음 사이의 /-nt-/일 땐 /t/를 생략할 수 있습니다. 그리고 마지막 /t/는 모음 사이에 있으므로 부드럽게 굴려서 발음하여 [뤠프리줴너리브]처럼 읽습니다.

5. stánding water

[강세] 첫 번째 음절

발음방법 /s/ 다음에 오는 /t/는 된소리로 발음하므로 [스땐딩]처럼 읽습니다.

6. dawn

[강세] –

발음방법 'aw'에 해당되는 발음기호는 /ɔ/입니다. /ɔ/는 입술을 오므리지 않고 힘을 빼고 발음합니다. 우리말 [오]와 [어]의 중간 느낌입니다.

Step 3 전체 문장 발음/리스닝 실전연습

이제 실전이에요! 앞에서 배운 소리[발음]현상과 어휘소리를 바탕으로 전체 문장이 정확히 어떻게 발음되는지 mp3 음성강의를 통해 함께 연습하시죠!

전체 문장 및 해석	🔊 김일승의 발음 코치
It's mosquito season again. 다시 모기 시즌이다.	• mosquito는 [모스퀴토]가 아닌 [머스끼로우]로 발음합니다. • again은 [어게인]이 아닌 [어겐]으로 발음합니다.
Although most of these flying pests are harmless, some can carry serious illnesses such as West Nile and Dengue Fever. 비록 이러한 날아다니는 해충들의 대부분이 무해하지만, 몇몇은 웨스트나일과 뎅기열과 같은 심각한 질병들을 수반할 수 있다.	'자음+자음+자음'일 땐 가운데 자음을 탈락시켜 발음합니다. pests의 /s, t, s/에서 가운데 자음인 /t/를 탈락시켜 [pess]처럼 발음합니다. West Nile도 마찬가지로 /s, t, n/에서 /t/를 탈락시켜 /wes nail/처럼 발음합니다.
So, authorities say, you need to guard against them. 그래서 당국에서는 당신은 그것들로부터 보호할 필요가 있다고 말한다.	같은 성질의 소리는 자연스럽게 연결하여 발음합니다. authorities의 /z/와 say의 /s/가 연결되어 authorities‿say로 읽습니다.
"The most important thing we could do was get a message out to the people who lived there that they had to partner with us to knock down the mosquito population." 우리가 할 수 있었던 가장 중요한 것은 모기 수를 줄이기 위해 그곳에 살았던 사람들에게 우리와 함께 파트너 관계를 맺어야 한다는 메시지를 발행하는 것이었다.	most important thing을 연음해봅시다. ① most important에서 most의 /t/를 important 쪽으로 붙여 연음합니다. ② important thing에서 /n, t, e/의 자음 3개 중 가운데 자음 /t/를 탈락시켜 연음합니다. ③ important[impɔrtnt]에서 /-tn-/ 형태일 때 /t/를 목구멍으로 끊어 발음합니다.
So, they sent representatives door to door and asked residents to get rid of standing water, and protect themselves with bug spray and long clothing. 그래서, 그들은 집집마다 대표들을 보냈고 거주자들에게 고여 있는 물을 제거하고, 살충스프레이와 긴 옷으로 그들 스스로를 보호하기를 요청했다.	• door to door에서 전치사 'to'의 /t/는, /r/과 모음 사이의 /t/를 굴려서 [도어 루 도어]처럼 부드럽게 발음합니다. • '자음+자음+자음'일 땐 가운데 자음을 탈락시켜 발음합니다. 'asked residents'가 중요한데, 아래를 보며 잘 이해하기 바랍니다. asked residents: [æskt re-zi-dənts] → [æst re-zi-dəns] → [æs re-zi-dəns]
Mosquito experts say, in order to avoid being bitten, try these tips: 물림방지를 위해, 이러한 팁들을 시도하라고 모기 전문가들은 말한다.	같은 소리는 연결하여 연음합니다. experts say는 [엑스퍼츠 세이]처럼 끊지 말고 부드럽게 한 음처럼 연음합니다.
Dress with long sleeves and long pants during dusk and dawn when mosquitos are more prevalent. 모기들이 더욱 많을 때인 황혼과 새벽 동안엔 긴소매와 긴바지를 입어라.	dusk and dawn에서 and의 소리인 [ænd]는 [ən]으로 약하게 발음하므로 [더스끈 던]처럼 연음합니다.
Get rid of standing water around your home because mosquitoes love to breed in water. 모기들이 물에 알을 낳기 좋아하기 때문에 집 주위의 고인 물을 제거하라.	/d/와 /y/가 만나면 /dʒ/로 발음될 수 있습니다. around your에서 /d/+/y/가 되므로 [어라운 쥬얼]처럼 읽습니다.
And, of course, use an insect repellent. 그리고, 물론 곤충 방충제를 사용하라.	insect repellent에서 insect의 /t/가 /c, t, r/의 가운데 자음이 되므로 탈락시켜 [인섹 리펠런트]처럼 발음합니다.

And always keep an eye on public health alerts to make sure you're doing your part to fight the bite.

그리고 벌레물림과 싸우기 위해 당신의 임무를 다 하고 있는지를 확인하기 위해 항상 공중위생알림을 지켜보라.

keep an eye on을 [키뻐나이언]처럼 부드럽게 연음합니다.

 ## REVIEW

문장 다시 말해보기

- 제가 당신을 위해서 이것을 지켜볼 수 있어요.
  I can _____.

- 북한을 주시하라.
  _____ North Korea.

- 당신의 돈이 어떻게 소비되는지 주시할 필요가 있다.
  You need to _____.

기초어순 복습훈련

1. 고인 물을 제거하다
2. 그들 자신을 긴 옷으로 보호하다
3. 물에 알을 낳다

| 정답 | 1. get rid of standing water / 2. protect themselves with long clothing / 3. breed in water

지금 이 순간 원어민이 쓰고 있는 회화표현

go cold turkey
(안 좋은 것을) 갑자기 끊다

Emily I'm trying to **go cold turkey** on my coffee addiction. Wish me luck!
나는 커피 중독을 끊으려고 노력하고 있어. 행운을 빌어줘!

Sam Good luck!
행운을 빌게!

 · addiction 중독

 · cold turkey: cold까지 발음하고 – 0.2초 쉬었다가 – turkey로 마무리한다.

Day 06

Spring Health Myth
봄의 건강 관련 미신

WARMING UP — 전체 문장 의미파악

아래 문장을 가볍게 읽어보며 내용 흐름을 파악해보세요. 시간제한을 두고 읽어야 더욱 집중이 됩니다. 시~작!

Colorful flowers and green grass—that's what spring brings, but it also means if you want to stay healthy, you have to watch out for the many myths of spring.

How about this one? Indoor tanning is safer than tanning in the sun—false.

Both are dangerous and, if not done carefully, can lead to developing Melanoma—the deadliest of skin cancers.

Outside—use sunscreen, inside—don't spend too much time on the tanning bed.

Here's another—hot, cold, hot, cold. Swings in temperature—common this time of year—invariably make us sick.

This is an old wives' tale that seems to make sense, but it's not true.

What's floating around in the air may be making you sick—like pollen in the spring.

Have you heard this? If you didn't have allergies as a child, you won't get them as an adult. Maybe—maybe not.

When people move to different cities or regions they can develop allergies because they get exposed to new types of pollen.

And finally, people may think ticks aren't an issue until summer.

Well, ticks are just like you—they come out when the weather gets warm so cover up, spray repellent and stay away from places ticks call home to prevent Lyme disease and other tick-related illnesses.

Part 01　　　　　　　　　　　　　　　어휘·구문·문장 의미파악

Step 1　핵심어휘 의미
단어가 문장에서 어떻게 쓰이는지를 보기 위한 전 단계입니다. 핵심적인 의미파악을 꼭 해두세요!

- ☑ myth　　　　　　　　　　　　미신, 신화
- ☐ tan　　　　　　　　　　　　　햇볕에 태우다
- ☐ false　　　　　　　　　　　　거짓인
- ☐ melanoma　　　　　　　　　흑색종
- ☐ deadly　　　　　　　　　　　치명적인
- ☐ swing　　　　　　　　　　　변화
- ☐ invariably　　　　　　　　　예외 없이
- ☐ old wives' tale　　　　　　　미신
- ☐ float　　　　　　　　　　　　떠다니다
- ☐ pollen　　　　　　　　　　　꽃가루
- ☐ expose　　　　　　　　　　노출시키다
- ☐ tick　　　　　　　　　　　　진드기
- ☐ -related　　　　　　　　　　–와 관련된

Step 2　핵심구문 의미
스크립트에 들어가기 전에 멋지게 발음해볼 주요 표현을 미리 맛보자구요~

- ☑ make sense　　　　　　　　　　말이 되다
- ☐ move to different cities　　　　　다른 도시로 이사하다
- ☐ come out　　　　　　　　　　　바깥으로 나오다
- ☐ stay away　　　　　　　　　　　떨어져 있다
- ☐ tick-related illnesses　　　　　　진드기와 관련된 질병들

문장 말해보기 : make sense 이치에 맞다, 말이 되다

✌ It doesn't *make sense*.
그건 말이 안 된다.

✌ What he said to me didn't *make sense* at all.
그가 나에게 말했던 것은 전혀 말이 되지 않았다.

✌ It doesn't *make sense* to forbid them from using Instagram.
그들이 인스타그램을 사용하는 것을 금지하는 것은 말이 되지 않는다.

영어어순[직독직해] 이해하기

직독직해를 연습해봐요. 우리말과 영어는 어순이 달라서 어순감각을 살리는 훈련을 하지 않으면 영어가 얼른 이해가 되지 않아요. 한 줄씩 소리 내어 읽는 동시에 뜻을 생각하는 연습을 해봐요. 직접 읽고 나면 뒤에 나오는 영어발음 연습도 잘 될 거예요!

Colorful flowers and green grass	형형색색의 꽃들과 푸른 풀
—that's what spring brings, /	—그것은 봄이 가져다주는 것이다,
but it also means /	그러나 그것은 또한 의미한다
if you want to stay healthy, /	당신이 건강하고 싶다면,
you have to watch out for the many myths of spring. //	당신은 봄에 대한 많은 미신들을 주의해야 한다는 것을.
How about this one? //	이건 어떤가?
Indoor tanning is safer than tanning in the sun—false. //	실내 태닝은 태양 태닝보다 더욱 안전하다—거짓이다.
Both are dangerous /	둘 다 위험하다
and, if not done carefully, /	그리고 주의 깊게 하지 않는다면,
can lead to developing Melanoma /	흑색종을 야기할 수 있다
—the deadliest of skin cancers. //	—가장 치명적인 피부암인
Outside—use sunscreen, /	실외에서는—자외선차단제를 사용하라,
inside—don't spend too much time on the tanning bed. //	실내에서는—너무 많은 시간을 태닝베드에서 보내지 말라.
Here's another /	여기 또 다른 것
—hot, cold, hot, cold. Swings in temperature /	—덥고, 춥고, 덥고, 춥고. 기온변화는

53

—common this time of year—/	—이맘때 흔한—
invariably make us sick. //	예외 없이 우리를 아프게 만든다.
This is an old wives' tale that seems to make sense, /	이것은 말이 되는 것 같은 미신이지만,
but it's not true. //	사실이 아니다.
What's floating around in the air /	공기 중에 떠다니는 것은
may be making you sick /	당신을 아프게 만들 수 있다
—like pollen in the spring. //	—봄의 꽃가루와 같은.
Have you heard this? //	이건 들어봤는가?
If you didn't have allergies as a child, /	당신이 어릴 때 알레르기가 없다면,
you won't get them as an adult. //	당신은 성인 때 그것들에 걸리지 않을 것이다.
Maybe—maybe not. //	그럴 수도 있고—그렇지 않을 수도 있다.
When people move to different cities or regions /	사람들이 다른 도시나 지역으로 이동할 때
they can develop allergies /	그들은 알레르기가 생길 수 있다
because they get exposed to new types of pollen. //	그들은 새로운 형태의 꽃가루에 노출되기 때문이다.
And finally, /	그리고 마지막으로,
people may think ticks aren't an issue until summer. //	사람들은 진드기가 여름까지는 문제되지 않는다고 생각할 수 있다.
Well, ticks are just like you /	글쎄, 진드기는 딱 여러분과 같다
—they come out when the weather gets warm /	—그들은 날씨가 따뜻해질 때 나온다,
so cover up, /	그래서 잘 덮고,
spray repellent /	살충제를 뿌리고
and stay away from places /	그리고 장소에서 떨어져 있어라
ticks call home /	진드기들이 집이라 부르는
to prevent Lyme disease and other tick-related illnesses. //	라임병과 다른 진드기와 관련된 질병들을 예방하기 위해.

Part 02　　　　소리[발음] 연습

* 저자의 음성강의와 함께 학습하세요.

Step 1　핵심소리[발음] 연습

우리가 늘상 해왔던 대로 영어를 발음하면 자연스러움이 다소 떨어질 수 있어요. 여기에서는 소리현상 몇 가지를 정리해봤어요. 글로도 설명을 해 놓았지만, 조금 번거롭더라도 mp3 음성강의를 들으며 따라 해보면 훨씬 좋아요!

같은 소리의 연결

같은 소리(혹은 같은 성질의 소리)가 붙어있을 땐 연결하여 한 번만 발음한다!

e.g. make us‿sick, is‿safer, use‿sunscreen

/-ərə-/ 형태일 때 /ə/ 탈락

/-ərə-/ 형태일 땐 /r/ 앞에 있는 /ə/ 소리를 탈락시켜 간결하게 발음할 수 있다!

e.g. temperature:
[tem-pərə-tʃər] → [tem-prə-tʃər]
different: [di-fərənt] → [di-frənt]

Step 2　핵심어휘소리 연습

정확한 소리도 모른 채 뜻만 달랑 알아가는 단어학습은 반쪽짜리 영어입니다! 정확한 소리를 알아둬야 내가 발음할 때 외국인도 잘 알아듣게 되는 것이지요~ 원어민 소리도 잘 들릴 거구요! 어휘소리를 직접 저와 함께 발음해 보며 전체 문장 발음을 위한 기반을 닦아보시죠!

1. myth

[강세] –

발음방법 'th'는 무성음 [θ]로 발음합니다. 이때 [θ]는 상대방이 나의 입모양을 볼 때 반드시 혀끝이 보일 정도로 하여 발음해야 합니다.

2. mel-a-nó-ma

[강세] 세 번째 음절

발음방법 '흑색종'이라는 뜻을 지닌 이 단어는 강세만 조심하면 되겠습니다. 세 번째 음절에 강세가 있습니다.

3. déad-ly

[강세] 첫 번째 음절

발음방법 단어 끝이 '-d' + '-ly' 형태일 땐 /d/를 터뜨리지 않고 발음합니다. [데들리]보다는 [뎃] 하고 [리]를 바로 붙이는 식으로 발음합니다.

4. tém-per-a-ture

[강세] 첫 번째 음절

발음방법 /-ərə-/ 형태일 땐 /r/ 앞에 있는 /ə/ 소리를 탈락시켜 발음할 수 있습니다. [tem-pərə-tʃər] → [tem-prə-tʃər] 형태로 변하므로 [템퍼러쳐]보다는 [템쁘러쳐]로 발음합니다.

5. in-vár-i-a-bly

[강세] 두 번째 음절

발음방법 올바른 /r/ 발음을 위해 다음과 같이 발음합니다. ① in- 먼저 발음, ② -var-까지를 발음, ③ -ably로 발음을 마무리합니다. [인베리어블리] 같은 [ㄹ] 발음이 되지 않도록 주의합니다.

6. ál-ler-gy

[강세] 첫 번째 음절

발음방법 형용사형인 allergic은 두 번째 음절에 강세를 두지만 명사형인 이 단어는 첫 번째 음절에 강세를 둡니다. [알레르기]가 아닌 [앨러지]로 발음합니다.

7. ex-póse

[강세] 두 번째 음절

발음방법 /s/ 다음에 오는 /p/는 된소리로 발음합니다. [익스뽀우즈] 정도로 발음하면 되겠습니다.

Step 3 전체 문장 발음/리스닝 실전연습

이제 실전이에요! 앞에서 배운 소리[발음]현상과 어휘소리를 바탕으로 전체 문장이 정확히 어떻게 발음되는지 mp3 음성강의를 통해 함께 연습하시죠!

전체 문장 및 해석	🔊 김일승의 발음 코치
Colorful flowers and green grass—that's what spring brings, but it also means if you want to stay healthy, you have to watch out for the many myths of spring. 형형색색의 꽃들과 푸른 풀—그것은 봄이 가져다주는 것이다. 그러나 그것은 또한 당신이 건강하고 싶다면 봄에 대한 많은 미신들을 주의해야 한다는 것을 의미한다.	• /f/ 발음에 약하다면 앞부분의 두 단어인 colorful flower에 유의해야 합니다. /f/ 발음을 연달아 두 번 해야 합니다. • want to의 빠른 소리는 wanna라는 점도 기억해야 합니다. • myths of는 myths의 /s/를 of 쪽으로 연음하여 [mie sʌv]로 발음합니다.
How about this one? Indoor tanning is safer than tanning in the sun—false. 이건 어떤가? 실내 태닝은 태양 태닝보다 더욱 안전하다—거짓이다.	is와 safer를 자연스럽게 마치 [이세이퍼]처럼 연음합니다.
Both are dangerous and, if not done carefully, can lead to developing Melanoma—the deadliest of skin cancers. 둘 다 위험하다. 그리고 주의 깊게 하지 않는다면, 흑색종이 생길 수 있다—가장 치명적인 피부암인	deadliest of를 [데드리스트 오브]처럼 읽지 말고, [dedlis tʌv] 즉 [뎃]을 먼저 발음하고 다음에 [리스떱]으로 바로 연음하여 읽습니다.
Outside—use sunscreen, inside—don't spend too much time on the tanning bed. 실외에서는—자외선차단제를 사용하라, 실내에서는—너무 많은 시간을 태닝베드에서 보내지 말라.	• 같은 소리가 붙어있을 땐 연결하여 use_sunscreen처럼 연음합니다. • bed는 bad와 구분하여 발음해야 합니다. bed의 /e/는 짧은 소리, bad의 /æ/는 긴 소리로 정리하면 좋습니다.
Here's another—hot, cold, hot, cold. Swings in temperature—common this time of year—invariably make us sick. 여기 또 다른 것—덥고, 춥고, 덥고, 춥고. 기온변화는—이맘때 흔한—예외 없이 우리를 아프게 만든다.	make us sick을 연음해볼까요? make의 /k/는 뒤쪽으로 연음하고 us와 sick은 위에서 배웠듯 같은 소리이므로 자연스럽게 연결하여 연음합니다. [메이꺼~씩]처럼 발음하면 됩니다.
This is an old wives' tale that seems to make sense, but it's not true. 이것은 말이 되는 것 같은 미신이지만, 사실이 아니다.	wives의 발음기호는 /waivz/이지만 끝의 /-vz/를 미국인들은 /브즈/처럼 유성음으로 발음하지 않습니다. 목소리에 힘을 빼서 무성음으로 발음합니다.
What's floating around in the air may be making you sick—like pollen in the spring. 공기 중에 떠다니는 것은 당신을 아프게 만들 수 있다—봄의 꽃가루와 같은.	around를 발음할 때 /r/은 입술을 오므렸다가 펼치면서 발음합니다. 강세 앞의 /r/은 입술을 오므렸다 펼치며 발음해야 합니다.
Have you heard this? If you didn't have allergies as a child, you won't get them as an adult. Maybe—maybe not. 이건 들어봤는가? 어릴 때 알레르기가 없다면, 당신은 성인 때 그것들에 걸리지 않을 것이다. 그럴 수도 있고—그렇지 않을 수도 있다.	allergies as a를 연음해볼까요? 모음으로 시작된 단어는 앞 단어의 끝 자음을 끌어 안으므로 [앨러쥐 재 저]처럼 발음합니다. get them as an adult도 마찬가지입니다. [겟 데매저너덜트]처럼 발음합니다.
When people move to different cities or regions they can develop allergies because they get exposed to new types of pollen. 사람들이 다른 도시나 지역으로 이동할 때 알레르기가 생길 수 있다. 그들은 새로운 형태의 꽃가루에 노출되기 때문이다.	get exposed to를 연음해볼까요? get의 /t/는 모음 사이에 있어서 부드럽게 읽습니다. exposed to의 발음기호를 보면 /ikspouzd tu:/인데, 자음이 3개일 때 가운데 자음을 탈락시킬 수 있으므로 마치 'expose to'처럼 발음해도 아주 자연스럽습니다.

And finally, people may think ticks aren't an issue until summer.
그리고 마지막으로, 사람들은 진드기가 여름까지는 문제되지 않는다고 생각할 수 있다.

summer를 통해 배울 점. 한국인들이 풀어야 할 오해! '자음이 두 개 있으면 두 번 발음해야 한다?' 그렇지 않습니다. m이 두 개 있어도 두 번 발음하지 않습니다. [써머]처럼 읽으면 됩니다.

Well, ticks are just like you—they come out when the weather gets warm so cover up, spray repellent and stay away from places ticks call home to prevent Lyme disease and other tick-related illnesses.
글쎄, 진드기는 딱 여러분과 같다—날씨가 따뜻해질 때 나온다. 그래서 잘 덮고, 살충제를 뿌리고 라임병과 다른 진드기와 관련된 질병들을 예방하기 위해 진드기들이 집이라 부르는 장소에서 떨어져 있어라.

ticks are just like you를 연음해볼까요? ticks are는 [틱쎄]로 연음하고, just like you에서는 just like에서 가운데 자음인 /t/를 탈락시킨 후 like you에서 /k/를 자연스럽게 연음시키면 [줘쓰 라이 뀨]처럼 발음됩니다.

REVIEW

문장 다시 말해보기

① 그건 말이 안 된다.
It _____.

② 그가 나에게 말했던 것은 전혀 말이 되지 않았다.
What _____.

③ 그들이 인스타그램을 사용하는 것을 금지하는 것은 말이 되지 않는다.
It _____.

기초어순 복습훈련

1. 봄이 가져다주는 것
2. 건강을 유지하다
3. 새로운 유형의 꽃가루에 노출되다
4. 진드기와 관련된 질병들

| 정답 | 1. what spring brings / 2. stay healthy / 3. get exposed to new types of pollen / 4. tick-related illnesses

Day 07

Eggs Are Good for You
달걀이 당신에게 좋은 이유

WARMING UP 전체 문장 의미파악

아래 문장을 가볍게 읽어보며 내용 흐름을 파악해보세요. 시간제한을 두고 읽어야 더욱 집중이 됩니다. 시~작!    01:30

No matter how you prepare them, eggs remain a popular staple of the American diet.

But over the last few decades, physicians have warned people to limit their egg intake, especially if they have high cholesterol.

Now nutritionists are saying, one whole egg can be part of our diet.

Study after study over the past several decades have confirmed that eggs are not associated with heart disease.

According to the Mayo Clinic, the average healthy individual should limit daily cholesterol intake to 300 milligrams.

One egg has 186 milligrams of cholesterol, but it also has 13 essential vitamins and minerals and is packed with plenty of protein and antioxidants, which are good for the heart. And it only has 70 calories.

They're high in protein, which are important for eye health. They're high in vitamin D, important for the bones and important for the immune system.

So crack one open now and then.

And if you suffer from high cholesterol, ask your doctor if eggs are good for your diet.

Part 01 어휘·구문·문장 의미파악

Step 1 핵심어휘 의미
단어가 문장에서 어떻게 쓰이는지를 보기 위한 전 단계입니다. 핵심적인 의미파악을 꼭 해두세요!

- ☑ staple — 주식, 주산물
- ☐ decade — 10년
- ☐ physician — 내과전문의
- ☐ intake — 섭취
- ☐ nutritionist — 영양학자
- ☐ associate — 연관되다
- ☐ individual — 개인, 사람
- ☐ essential — 필수적인
- ☐ protein — 단백질
- ☐ antioxidant — 항산화제
- ☐ crack — 깨다

Step 2 핵심구문 의미
스크립트에 들어가기 전에 멋지게 발음해볼 주요 표현을 미리 맛보자구요~

- ☑ a popular staple — 인기 있는 주식
- ☐ over the last few decades — 지난 몇십 년 동안
- ☐ be packed with *sth* — *sth*로 가득 차 있다
- ☐ immune system — 면역체계
- ☐ now and then — 이따금씩

문장 말해보기 : be packed with sth   sth로 가득 차 있다

- ☝ The city *was packed with* old architecture.
  그 도시는 오래된 건축물로 가득 차 있었다.
- ✌ The restaurant *is* always *packed with* many people.
  그 식당은 항상 많은 사람들로 가득 차 있다.
- 👌 The bus *was packed with* passengers.
  그 버스는 승객들로 가득 차 있었다.

영어어순[직독직해] 이해하기

직독직해를 연습해봐요. 우리말과 영어는 어순이 달라서 어순감각을 살리는 훈련을 하지 않으면 영어가 얼른 이해가 되지 않아요. 한 줄씩 소리 내어 읽는 동시에 뜻을 생각하는 연습을 해봐요. 직접 읽고 나면 뒤에 나오는 영어발음 연습도 잘 될 거예요!

No matter how you prepare them, /	그것들을 어떻게 요리하든,
eggs remain a popular staple of the American diet. //	달걀은 미국인 식단의 인기 있는 주요 식품으로 남아 있다.
But over the last few decades, /	그러나 지난 몇십 년 동안,
physicians have warned people /	내과전문의들은 사람들에게 경고해오고 있다
to limit their egg intake, /	그들의 달걀 섭취를 제한해야 한다고,
especially if they have high cholesterol. //	특히 그들이 콜레스테롤 수치가 높다면.
Now nutritionists are saying, /	오늘날 영양학자들은 말한다.
one whole egg can be part of our diet. //	달걀 한 알은 우리 식단의 일부일 수 있다고.
Study after study over the past several decades have confirmed /	지난 수십 년 동안 계속된 연구는 확인시켜 주었다
that eggs are not associated with heart disease. //	달걀이 심장질환과 연관되지 않는다는 것을.
According to the Mayo Clinic, /	Mayo Clinic에 따르면,
the average healthy individual /	평균적인 건강한 사람은
should limit daily cholesterol intake /	일일 콜레스테롤 섭취를 제한해야 한다
to 300 milligrams. //	300mg로.
One egg has 186 milligrams of cholesterol, /	달걀 하나에는 186mg의 콜레스테롤이 있지만,

but it also has 13 essential vitamins and minerals /	이것은 또한 13개의 필수 비타민과 미네랄이 있고
and is packed with plenty of protein and antioxidants, /	풍부한 단백질과 항산화제로 가득 차 있으며,
which are good for the heart. //	이는 심장에 좋다.
And it only has 70 calories. //	그리고 그것은 오직 70kcal이다.
They're high in protein, /	그것들은 단백질이 높다,
which are important for eye health. //	이는 안구 건강에 중요하다.
They're high in vitamin D, /	그것들은 비타민 D가 높다,
important for the bones and important for the immune system. //	뼈에 중요하고 면역체계에도 중요한.
So crack one open now and then. //	그래서 이따금씩 한 개를 깨 먹어라.
And if you suffer from high cholesterol, /	그리고 당신이 높은 콜레스테롤을 겪고 있다면,
ask your doctor /	의사에게 문의하라
if eggs are good for your diet. //	달걀이 당신 식단에 좋은지를.

Part 02 소리[발음] 연습

* 저자의 음성강의와 함께 학습하세요.

핵심소리[발음] 연습

우리가 늘상 해왔던 대로 영어를 발음하면 자연스러움이 다소 떨어질 수 있어요. 여기에서는 소리현상 몇 가지를 정리해봤어요. 글로도 설명을 해 놓았지만, 조금 번거롭더라도 mp3 음성강의를 들으며 따라 해보면 훨씬 좋아요!

/-tn-/일 때 /t/는 끊기는 소리

발음기호가 /-tn-/ 형태일 땐 /t/는 마치 끊기는 소리처럼 들린다!

e.g. important[impɔrtnt]

'anti-'의 두 가지 소리

우리가 '안티'라고 발음하는 'anti-'는 [æntai-] 혹은 [ænti-]로 발음된다!

e.g. anti-oxidant[ænti-aksidənt]

핵심어휘소리 연습

정확한 소리도 모른 채 뜻만 달랑 알아가는 단어학습은 반쪽짜리 영어입니다! 정확한 소리를 알아둬야 내가 발음할 때 외국인도 잘 알아듣게 되는 것이지요~ 원어민 소리도 잘 들릴 거예요! 어휘소리를 직접 저와 함께 발음해 보며 전체 문장 발음을 위한 기반을 닦아보시죠!

1. stá-ple

[강세] 첫 번째 음절

발음방법 /s/ 다음에 오는 /t/는 된소리로 발음합니다. 그리고 /p/는 강세가 없을 때 된소리로 발음하므로, [스떼이쁠]로 발음합니다.

2. dé-cade

[강세] 첫 번째 음절

발음방법 [디케이드]라고 읽지 않도록 합니다. 첫 번째 음절에 강세가 오며, 발음은 [dekeid, 데케이드]입니다.

3. phy-sí-cian

[강세] 두 번째 음절

발음방법 파닉스에 따르면 스펠링 'ph'는 /f/ 발음입니다. 's'에 해당하는 소리도 /z/임에 유의합니다.

4. ín-take

[강세] 첫 번째 음절

발음방법 발음이 어려운 단어는 아닙니다. 다만, 강의를 하다보니 두 번째 음절에 힘을 주는 학생들이 많았습니다. 첫 번째 음절에 강세가 오는 어휘임을 확실히 알아두기 바랍니다.

5. as-só-ci-ate

[강세] 두 번째 음절

발음방법 [əsousieit]과 [əsouʃieit]의 두 가지 소리가 가능하다는 것을 참고로 알아두기 바랍니다.

6. es-sén-tial

[강세] 두 번째 음절

발음방법 essence의 발음은 [esəns]이고, essential의 발음은 [isenʃəl]임에 유의합니다.

7. pró-tein

[강세] 첫 번째 음절

발음방법 단백질은 [프로테인]이 아닌, [prouti:n]임에 유의합니다.

8. an-ti-óxidant

[강세] 세 번째 음절

발음방법 접두사 'anti-'의 발음은 [ænti]와 [æntai] 두 가지 모두 가능합니다.

9. sýs-tem

[강세] 첫 번째 음절

발음방법 [시스템]이라고 읽지 말고 [시스뜸]으로 발음합니다.

Step 3 전체 문장 발음/리스닝 실전연습

이제 실전이에요! 앞에서 배운 소리[발음]현상과 어휘소리를 바탕으로 전체 문장이 정확히 어떻게 발음되는지 mp3 음성강의를 통해 함께 연습하시죠!

전체 문장 및 해석	🔊 김일승의 발음 코치
No matter how you prepare them, eggs remain a popular staple of the American diet. 그것들을 어떻게 요리하든, 달걀은 미국인 식단의 인기 있는 주요 식품으로 남아 있다.	크게 연음되는 부분은 없으며, 앞에서 언급한 것처럼 /s/ 다음에 오는 /t/는 된소리로 발음되기 때문에 staple의 발음만 주의하기 바랍니다.
But over the last few decades, physicians have warned people to limit their egg intake, especially if they have high cholesterol. 그러나 지난 몇십 년 동안, 내과전문의들은 특히 그들이 콜레스테롤 수치가 높다면 그들의 달걀 섭취를 제한해야 한다고 사람들에게 경고해오고 있다.	• last few에서 /s, t, f/의 자음 3개가 왔으므로 가운데 자음인 /t/를 탈락시켜 /læs fyu:/로 연음합니다. • cholesterol은 두 번째 음절인 'le'를 올려주어 인토네이션을 잡습니다.
Now nutritionists are saying, one whole egg can be part of our diet. 오늘날 영양학자들은 달걀 한 알은 우리 식단의 일부일 수 있다고 말한다.	• nutritionists는 끝부분이 /s, t, s/이므로 가운데 자음인 /t/를 탈락시켜 마치 /뉴트리셔니스~/처럼 발음합니다. • part of our도 앞단어의 끝 자음을 연음하여 /파러바우얼/처럼 발음합니다.
Study after study over the past several decades have confirmed that eggs are not associated with heart disease. 지난 수십 년 동안 계속된 연구는 달걀이 심장질환과 연관되지 않는다는 것을 확인시켜 주었다.	confirmed that의 발음기호는 /kənfərmd ðæt/인데 여기서 가운데 자음인 /d/를 빼서 /kənfərm ðæt/처럼 발음해도 됩니다.
According to the Mayo Clinic, the average healthy individual should limit daily cholesterol intake to 300 milligrams. Mayo Clinic에 따르면, 평균적인 건강한 사람은 일일 콜레스테롤 섭취를 300mg로 제한해야 한다.	should limit은 [슈드 리밋]보다 [슛 리밋]처럼 끊어서 발음합니다.
One egg has 186 milligrams of cholesterol, but it also has 13 essential vitamins and minerals and is packed with plenty of protein and antioxidants, which are good for the heart. 달걀 하나에는 186mg의 콜레스테롤이 있지만, 또한 13개의 필수 비타민과 미네랄이 있고 풍부한 단백질과 항산화제로 가득 차 있으며, 이는 심장에 좋다.	vitamin의 영국식 발음은 [비타민]이 맞지만 미국식은 [바이러민]임에 유의합니다.
And it only has 70 calories. 그리고 그것은 오직 70kcal이다.	calories의 발음은 [칼로리즈]가 아닌 [캘러리즈]입니다.
They're high in protein, which are important for eye health. 그것들은 안구 건강에 중요한 단백질이 높다.	important의 발음기호는 /impɔrtnt/입니다. 발음기호상 /t/와 /n/이 붙어있으면 이 /t/는 목구멍으로 끊어 [임포얼(끊고)은]처럼 읽을 수 있습니다.
They're high in vitamin D, important for the bones and important for the immune system. 그것들은 뼈에 중요한 그리고 면역체계에 중요한 비타민 D가 높다.	면역체계는 영어로 [이뮨 시스뜸]처럼 발음한다는 점에 유의합니다.

So crack one open now and then. 그래서 이따금씩 한 개를 깨 먹어라.	open의 발음은 [오우쁜]이 보다 미국식에 가까운 발음임에 유의합니다.
And if you suffer from high cholesterol, ask your doctor if eggs are good for your diet. 그리고 당신이 높은 콜레스테롤을 겪고 있다면, 달걀이 당신 식단에 좋은지 의사에게 문의하라.	if you suffer from을 발음할 때 윗니와 아랫입술이 총 3회 터치되어야 합니다.

 **REVIEW**

문장 다시 말해보기

① 그 도시는 오래된 건축물로 가득 차 있었다.
   The city _____.

② 그 식당은 항상 많은 사람들로 가득 차 있다.
   The restaurant _____.

③ 그 버스는 승객들로 가득 차 있었다.
   The bus _____.

기초어순 복습훈련

1. 지난 몇십 년 동안
2. 거듭된 연구
3. 단백질이 높다
4. 면역체계에 중요하다

| 정답 | 1. over the last few decades / 2. study after study / 3. be high in protein / 4. be important for the immune system |

Day 08

Conversation: At the Airport
공항에서

WARMING UP — 전체 문장 의미파악

아래 문장을 가볍게 읽어보며 내용 흐름을 파악해보세요. 시간제한을 두고 읽어야 더욱 집중이 됩니다. 시~작! 01:30

Ground crew: What is your final destination?
Passenger: San Francisco.
Ground crew: May I see your passport and identification (ID)?
Passenger: Sure. Here you go.
Ground crew: How many bags do you have to check? (How many bags do you want to check?)
Passenger: Just these 2 (pointing towards two large suitcases).
Ground crew: And how many pieces of carry-on do you have?
Passenger: Two, my backpack and this fanny pack.
Ground crew: Okay, would you please put your backpack on the scale here to see how much it weighs? If it's over 10 kilograms we are going to have to charge you for it.
Passenger: Sure. (The ground crew puts his backpack on the scale)
Ground crew: Your carry-on bag exceeds the 10-kilogram weight limit so there will be a $20 charge for it. Are you okay with that?
Passenger: Um... hold on please. Let me see if I can do anything to make it lighter. (The passenger moves some items from his backpack to his fanny pack.)
Passenger: Okay, can we weigh it one more time?
Ground crew: Sure. (The ground crew weighs the bag.) 9.8 kilograms, perfect. Now you can carry it on without any extra charges.
Passenger: Great. That worked out well.

Part 01   어휘·구문·문장 의미파악

Step 1 핵심어휘 의미
단어가 문장에서 어떻게 쓰이는지를 보기 위한 전 단계입니다. 핵심적인 의미파악을 꼭 해두세요!

- ☑ destination — 목적지
- ☐ identification — 신분증
- ☐ suitcase — 여행가방
- ☐ carry-on — (기내)휴대용 가방
- ☐ weigh — (무게가) ~나가다
- ☐ charge — 부과하다
- ☐ scale — 저울
- ☐ fanny pack — 허리벨트 부분에 매는 작은 가방
- ☐ item — 물품
- ☐ carry — 휴대하다
- ☐ extra charge — 할증요금
- ☐ work out — 잘 해결되다

Step 2 핵심구문 의미
스크립트에 들어가기 전에 멋지게 발음해볼 주요 표현을 미리 맛보자구요~

- ☑ final destination — 최종 목적지
- ☐ hold on — 기다려
- ☐ put your backpack on the scale — 당신의 배낭을 저울에 놓다
- ☐ exceed the 10kg weight limit — 10kg 무게제한을 초과하다
- ☐ make it lighter — 그것을 보다 가볍게 만들다

문장 말해보기 : exceed 초과하다

- His abilities meet or *exceed* the requirement.
  그의 능력들은 그 요구사항을 충족하거나 초과한다.
- You *exceeded* the speed limit.
  당신은 제한속도를 초과하였습니다.
- The airport *exceeded* 49 million passengers.
  그 공항은 4천9백만 승객들을 초과했다.

Step 3 영어어순[직독직해] 이해하기

직독직해를 연습해봐요. 우리말과 영어는 어순이 달라서 어순감각을 살리는 훈련을 하지 않으면 영어가 얼른 이해가 되지 않아요. 한 줄씩 소리 내어 읽는 동시에 뜻을 생각하는 연습을 해봐요. 직접 읽고 나면 뒤에 나오는 영어발음 연습도 잘 될 거예요!

Ground crew: What is your final destination? — 당신의 최종목적지는 무엇인가요?

Passenger: San Francisco. — 샌프란시스코입니다.

Ground crew: May I see your passport and identification? — 제가 당신의 여권과 신분증을 볼 수 있을까요?

Passenger: Sure. Here you go. — 물론이죠. 여기 있습니다.

Ground crew: How many bags do you have to check? — 당신은 얼마나 많은 가방을 검사해야 하나요?

Passenger: Just these 2 (pointing towards two large suitcases). — 단 이 2개입니다 (두 개의 큰 여행 가방을 가리키며).

Ground crew: And how many pieces of carry-on do you have? — 그리고 휴대가방이 몇 개나 있습니까?

Passenger: Two, my backpack and this fanny pack. — 두 개요. 내 백팩과 이 벨트에 차는 가방이요.

Ground crew: Okay, would you please put your backpack on the scale here to see how much it weighs? If it's over 10 kilograms we are going to have to charge you for it. — 좋습니다. 그게 얼마나 무게가 나가는지 보기 위해 당신의 백팩을 여기 저울에 올려두시겠어요? 그것이 10kg가 넘어가면 우리는 수수료를 부과할 것입니다.

Passenger: Sure. (The ground crew puts his backpack on the scale) — 물론이죠. (승무원은 그의 가방을 저울에 올려놓는다)

Ground crew: Your carry-on bag exceeds the 10-kilogram weight limit so there will be a $20 charge for it. Are you okay with that? — 당신의 휴대가방은 10kg 무게 제한을 초과해서 20불의 수수료가 붙을 것입니다. 괜찮으신가요?

Passenger: Um... hold on please. Let me see if I can do anything to make it lighter.

(The passenger moves some items from his backpack to his fanny pack.)

Passenger: Okay, can we weigh it one more time?

Ground crew: Sure. (The ground crew weighs the bag.) 9.8 kilograms, perfect. Now you can carry it on without any extra charges.

Passenger: Great. That worked out well.

음... 잠시만요. 그것을 보다 가볍게 하기 위한 것을 할 수 있는지 보겠습니다.

(승객은 몇몇 물품들을 그의 백팩에서 그의 벨트가방으로 옮긴다.)

좋습니다, 한 번 더 무게를 잴 수 있나요?

물론입니다. (승무원은 가방의 무게를 잰다). 9.8kg네요. 완벽합니다. 이제 당신은 추가부담 없이 휴대할 수 있습니다.

좋습니다. 잘 해결되었네요.

Part 02   소리[발음] 연습

_{* 저자의 음성강의와 함께 학습하세요.}

Step 1   핵심소리[발음] 연습

우리가 늘상 해왔던 대로 영어를 발음하면 자연스러움이 다소 떨어질 수 있어요. 여기에서는 소리현상 몇 가지를 정리해봤어요. 글로도 설명을 해 놓았지만, 조금 번거롭더라도 mp3 음성강의를 들으며 따라 해보면 훨씬 좋아요!

모음 사이의 /-nt-/일 때 /t/ 탈락

'nt'가 모음 사이에 위치할 때 /t/소리가 생략된다!
e.g. ide**nt**ification

자음 + 모음

모음으로 열려있으면 앞 단어의 끝 자음이 뒤로 붙는다!

e.g.   hold on   worked out
       [hould ɔn]   [wərkt aut]
       → [houl dɔn]   → [wərk taut]
          호울 던   웍 따웃

Step 2   핵심어휘소리 연습

정확한 소리도 모른 채 뜻만 달랑 알아가는 단어학습은 반쪽짜리 영어입니다! 정확한 소리를 알아둬야 내가 발음할 때 외국인도 잘 알아듣게 되는 것이지요~ 원어민 소리도 잘 들릴 거구요! 어휘소리를 직접 저와 함께 발음해 보며 전체 문장 발음을 위한 기반을 닦아보시죠!

1. de-sti-ná-tion

[강세] 세 번째 음절

발음방법 /s/ 다음에 오는 /t/는 된소리이므로 [데스떠네이션]으로 발음합니다.

2. i-den-ti-fi-cá-tion

[강세] 다섯 번째 음절

발음방법 모음 사이의 '-nt-'일 때 /t/를 탈락시킬 수 있으므로 [아이데너피케이션]으로 발음합니다.

3. cárry-on

[강세] 첫 번째 음절

발음방법 carry 발음을 이렇게 해봅시다. ① carr-[캐얼]을 먼저 발음하고(이때 혀끝은 아무데도 닿지 않음) ② -y[이]로 마무리한다!

4. weigh
[강세] −
발음방법 여기서 'gh'는 소리가 나지 않습니다. [웨이]라고만 발음하면 됩니다.

5. charge
[강세] −
발음방법 ① 일단 'char-'까지 발음하고 나서 ② '-ge'를 발음할 땐 [쥐]를 소리 내는 것 같지만 목소리에 힘은 빼면서 발음합니다.

6. scale
[강세] −
발음방법 /s/ 다음에 오는 /k/는 된소리이므로 [스께일]로 발음합니다. (발음기호는 [skeil])

7. fánny pack
[강세] −
발음방법 기초 발음이 부족하다면 fanny의 /f/는 윗니+아랫입술, pack의 /p/는 양 입술로 발음해봅니다!

8. í-tem
[강세] 첫 번째 음절
발음방법 앞에서도 많이 나왔죠? 모음 사이의 /t/는 굴려서 발음하는데, 발음은 [아이템]이 아니라 [아이름]입니다.

Step 3 전체 문장 발음/리스닝 실전연습

이제 실전이에요! 앞에서 배운 소리[발음]현상과 어휘소리를 바탕으로 전체 문장이 정확히 어떻게 발음되는지 mp3 음성강의를 통해 함께 연습하시죠!

전체 문장 및 해석	🔊 김일승의 발음 코치
What is your final destination? / San Francisco. 당신의 최종목적지는 무엇인가요? / 샌프란시스코입니다.	• what is your는 what의 [t]를 굴려서 [와리쥬얼]처럼 단번에 연음해봅니다. • 지역명칭은 강세가 제일 중요합니다! San Francisco에서 ci에 강세가 있음을 기억하세요!
May I see your passport and identification? / Sure. Here you go. 제가 당신의 여권과 신분증을 볼 수 있을까요? / 물론이죠, 여기 있습니다.	passport and identification을 연음해볼까요? 일단 여기서 and는 의미상 중요하지 않으므로 [ən, 은]처럼 약하게 발음하며 passport 쪽으로 붙입니다. 그리고 passport의 /t/는 부드럽게 굴리구요. 그러면 [pæs-pɔr rən, 패스포르뤈]처럼 연음됩니다.
How many bags do you have to check? / Just these 2. 당신은 얼마나 많은 가방을 검사해야 하나요? / 단 이 2개입니다.	Just these를 연음해볼까요? '자음+자음+자음'이면 가운데 자음이 탈락됩니다. [dʒʌst ðiːz]에서 가운데 자음 /t/가 탈락되면 [dʒʌs ðiːz, 쥐스 디~즈]가 됩니다.
And how many pieces of carry-on do you have? / Two, my backpack and this fanny pack. 그리고 휴대가방이 몇 개나 있습니까? / 두 개요. - 내 백팩과 이 벨트에 차는 가방이요.	pieces of를 연음해볼까요? [piːsiz ʌv]에서 앞 단어의 끝 자음인 /z/를 뒤로 붙여 [piːsi zʌv, 피씨접]처럼 발음합니다.
Okay, would you please put your backpack on the scale here to see how much it weighs? If it's over 10 kilograms we are going to have to charge you for it. / Sure. 좋습니다, 그게 얼마나 무게가 나가는지 보기 위해 당신의 백팩을 여기 저울에 올려주시겠어요? 그것이 10kg가 넘어가면 우리는 수수료를 부과할 것입니다. / 물론이죠.	would you를 연음해볼까요? /d/와 /y/가 만나면 /dʒ/가 됩니다. [우쥬]처럼 부드럽게 읽어봅시다!
Your carry-on bag exceeds the 10-kilogram weight limit so there will be a $20 charge for it. Are you okay with that? / Um... hold on please. Let me see if I can do anything to make it lighter. 당신의 휴대가방은 10kg 무게 제한을 초과해서, 20불의 수수료가 붙을 것입니다. 괜찮으신가요? / 음… 잠시만요. 그것을 보다 가볍게 하기 위한 것을 할 수 있는지 보겠습니다.	hold on을 연음해볼까요? [hould ɔːn]에서 앞 단어의 끝 자음인 /d/를 뒤로 붙이면 [houl dɔn, 호울던]처럼 연음됩니다.
Okay, can we weigh it one more time? / Sure. 9.8 kilograms, perfect. Now you can carry it on without any extra charges. 좋습니다, 한 번 더 무게를 잴 수 있나요? / 물론입니다. 9.8kg네요, 완벽합니다. 이제 당신은 추가부담 없이 휴대할 수 있습니다.	모음 사이에 있는 /t/는 부드럽게 굴린다는 사실을 전제로 하면 여기에서 두 가지 연음이 동시에 해결됩니다. it on은 [이런]으로, without any도 [위다우러니]로 각각 굴려서 발음합니다.
Great. That worked out well. 좋습니다. 잘 해결되었네요!	worked out을 연음해볼까요? 발음기호는 [wərkt aut]인데, 앞 단어의 끝 자음을 뒤로 붙이면 [wərk taut, 웍 따웃]처럼 됩니다.

REVIEW

문장 다시 말해보기

- 그의 능력들은 그 요구사항을 충족하거나 초과한다.
  His abilities _____.

- 당신은 제한 속도를 초과하였습니다.
  You _____.

- 그 공항은 4천9백만 승객들을 초과했다.
  The airport _____.

기초어순 복습훈련

1. 당신의 백팩을 체중계에 놓다
2. 10kg 무게 제한을 초과하다
3. 그것을 보다 가볍게 만들다
4. 다른 추가 요금 없이

| 정답 | 1. put your backpack on the scale / 2. exceed 10-kilogram weight limit / 3. make it lighter / 4. without any extra charges

Day 09

Fashion Hazards
패션에도 위험이 도사리고 있다

WARMING UP 전체 문장 의미파악

아래 문장을 가볍게 읽어보며 내용 흐름을 파악해보세요. 시간제한을 두고 읽어야 더욱 집중이 됩니다. 시~작!  01:30

Sometimes our choice in fashion can be hazardous to our health. Let's take high heels. If they start to get over two inches you start to run into all kinds of foot problems and even problems in the leg. So wear them in moderation.

Many of us wear skinny jeans, but don't get them too tight. You can start to see stomach-related problems such as indigestion, or heartburn as well as nerve-related problems which would cause burning, numbness, some sensitivity changes in the thigh.

And what about what you wear under those jeans? More delicate materials like silk or breathable cotton that doesn't trap in humidity.

Dangly earrings are popular, but if they are too heavy they can elongate the hole in your ear. And if they get snagged on something you can tear your earlobe. Wearing earrings that contain nickel give some people a rash.

As with all fashion items, wear them for a short period of time, and just be smart.

Looking good without damaging your health is important.

Part 01   어휘·구문·문장 의미파악

Step 1 핵심어휘 의미
단어가 문장에서 어떻게 쓰이는지를 보기 위한 전 단계입니다. 핵심적인 의미파악을 꼭 해두세요!

- ☑ indigestion — 소화불량
- ☐ heartburn — 속 쓰림
- ☐ numbness — 마비
- ☐ thigh — 허벅지
- ☐ delicate — 정교한, 섬세한
- ☐ breathable — 통풍되는, 통기성의
- ☐ dangly — 매달린, 대롱거리는
- ☐ elongate — 늘리다
- ☐ snag — 걸려 찢기다
- ☐ earlobe — 귓불
- ☐ nickel — 니켈(금속 원소)
- ☐ rash — 두드러기

Step 2 핵심구문 의미
스크립트에 들어가기 전에 멋지게 발음해볼 주요 표현을 미리 맛보자구요~

- ☑ run into all kinds of foot problems — 모든 종류의 발 문제들을 만나다
- ☐ in moderation — 적당히
- ☐ trap in humidity — 습기를 가두다
- ☐ elongate the hole in your ear — 당신 귀의 구멍을 늘어뜨리다
- ☐ get snagged on something — 어떤 것에 걸리다

문장 말해보기 : run into   ① (곤경 등)을 만나다   ② (사람을) 우연히 만나다
　　　　　　　　　　　　　 ③ 충돌하다   ④ (특정한 양에) 달하다

✋ If you love to splurge on clothes, you will *run into* financial problems.
당신이 옷에 돈 펑펑 쓰기를 좋아한다면, 당신은 재정적인 문제를 만나게 될 것이다.

✋ I *ran into* my ex-girlfriend today.
나는 오늘 우연히 내 전여자친구를 만났다.

✋ The car *ran into* a tree.
그 차가 한 나무에 충돌했다.

✋ My annual income will *run into* 100 million won.
나의 연소득은 1억 원에 달할 것이다.

Step 3 영어어순[직독직해] 이해하기

직독직해를 연습해봐요. 우리말과 영어는 어순이 달라서 어순감각을 살리는 훈련을 하지 않으면 영어가 얼른 이해가 되지 않아요. 한 줄씩 소리 내어 읽는 동시에 뜻을 생각하는 연습을 해봐요. 직접 읽고 나면 뒤에 나오는 영어발음 연습도 잘 될 거예요!

Sometimes our choice in fashion /	때로 패션에 있어 우리의 선택은
can be hazardous to our health. //	우리 건강에 해로울 수 있다.
Let's take high heels. //	하이힐을 보자.
If they start to get over two inches /	그들이 2인치 넘는 것을 신기 시작한다면
you start to run into all kinds of foot problems /	당신은 모든 종류의 발 문제를 만날 수 있다
and even problems in the leg. //	심지어는 다리 문제도.
So wear them in moderation. //	따라서 그것들을 적당히 착용하라.
Many of us wear skinny jeans, /	우리 다수는 스키니 진을 입는다.
but don't get them too tight. //	하지만 너무 타이트하게 입지 말아라.
You can start to see stomach-related problems /	당신은 복부와 관련된 문제를 보기 시작할 수 있다
such as indigestion, or heartburn /	소화불량, 아니면 속 쓰림과 같은
as well as nerve-related problems /	신경과 관련된 문제들뿐 아니라
which would cause burning, numbness, some sensitivity changes in the thigh. //	화끈거림, 마비, 약간의 허벅지 민감도 변화를 야기할 수 있는.

And what about what you wear under those jeans? //	청바지 안에 입는 것은 어떤가?
More delicate materials /	보다 섬세한 재료들
like silk or breathable cotton /	실크나 통풍이 잘 되는 면과 같은
that doesn't trap in humidity. //	습기를 가두지 않는.
Dangly earrings are popular, /	달랑거리는 귀걸이는 인기가 있지만,
but if they are too heavy /	그것들이 너무 무거우면
they can elongate the hole in your ear. //	당신 귀의 구멍을 늘어뜨릴 수 있다.
And if they get snagged on something /	그리고 그것들이 어떤 것에 걸린다면
you can tear your earlobe. //	당신의 귓불을 찢을 수 있다.
Wearing earrings that contain nickel /	니켈을 포함한 귀걸이를 착용하는 것은
give some people a rash. //	몇몇 사람들에게 두드러기를 유발시킬 수 있다.
As with all fashion items, /	이 모든 패션 아이템들과 마찬가지로,
wear them for a short period of time, /	그것들을 짧은 기간 동안 착용해라.
and just be smart. //	그리고 현명하라.
Looking good without damaging your health is important. //	당신의 건강에 손상 없이 보기 좋아보이는 것이 중요하다.

Part 02   소리[발음] 연습

* 저자의 음성강의와 함께 학습하세요.

 핵심소리[발음] 연습

우리가 늘상 해왔던 대로 영어를 발음하면 자연스러움이 다소 떨어질 수 있어요. 여기에서는 소리현상 몇 가지를 정리해봤어요. 글로도 설명을 해 놓았지만, 조금 번거롭더라도 mp3 음성강의를 들으며 따라 해보면 훨씬 좋아요!

/-tn-/일 때 /t/는 끊기는 소리

발음기호가 /tn/ 형태일 땐 /t/는 마치 끊기는 소리처럼 들린다!
e.g. cotton[katn], important[impɔrtnt]

모음 사이의 /t/, /d/ 굴림소리

모음 사이에 있는 /t/나 /d/는 굴려서 부드럽게 발음한다!
e.g. humidity

 핵심어휘소리 연습

정확한 소리도 모른 채 뜻만 달랑 알아가는 단어학습은 반쪽짜리 영어입니다! 정확한 소리를 알아둬야 내가 발음할 때 외국인도 잘 알아듣게 되는 것이지요~ 원어민 소리도 잘 들릴 거구요! 어휘소리를 직접 저와 함께 발음해 보며 전체 문장 발음을 위한 기반을 닦아보시죠!

1. indigéstion
[강세] 세 번째 음절
발음방법 /di/ 부분을 단모음 발음인 [인디제스쳔]으로 해도 되고, 이중모음 발음인 [인다이제스쳔]으로 해도 무방합니다.

2. héartburn
[강세] 첫 번째 음절
발음방법 heart[hart]를 hurt[hərt]로 잘못 발음하지 않도록 주의합니다.

3. númbness
[강세] 첫 번째 음절
발음방법 'b'는 묵음입니다. 반드시 발음하지 않아야 합니다.

4. thígh
[강세] 첫 번째 음절
발음방법 thigh를 sigh로 잘못 발음하지 않도록 주의합니다. thigh는 무성음인 [θ]로 출발합니다.

5. bréathable

[강세] 첫 번째 음절

발음방법 'th'에 해당하는 소리는 유성음인 [ð]임에 유의합니다. 우리말 [ㄷ] 발음이 아닙니다.

6. éarlobe

[강세] 첫 번째 음절

발음방법 마지막의 'b'를 무성음화로 발음하면 자연스럽습니다. 너무 [로브~]라고 발음하지 말구요.

7. níckel

[강세] 첫 번째 음절

발음방법 우리는 보통 [니켈]이라고 발음하지만, 미국인은 [니끌]로 발음합니다.

8. rash

[강세] –

발음방법 모음 앞의 'r'은 입술을 오므렸다가 펼치면서 발음합니다. lash로 발음하지 않도록 합니다.

Step 3 전체 문장 발음/리스닝 실전연습

이제 실전이에요! 앞에서 배운 소리[발음]현상과 어휘소리를 바탕으로 전체 문장이 정확히 어떻게 발음되는지 mp3 음성강의를 통해 함께 연습하시죠!

전체 문장 및 해석	📢 김일승의 발음 코치
Sometimes our choice in fashion can be hazardous to our health. 때로 패션에 있어 우리의 선택은 우리 건강에 해로울 수 있다.	fashion을 passion으로 발음하는 실수를 하지 않도록 합니다. /f/ 발음을 /p/로 했을 때 그에 해당하는 단어가 있다면 의미 전달이 전혀 반대로 될 수 있습니다.
Let's take high heels. If they start to get over two inches you start to run into all kinds of foot problems and even problems in the leg. So wear them in moderation. 하이힐을 보자. 그들이 2인치 넘는 것을 신기 시작한다면 당신은 모든 종류의 발 문제나 심지어는 다리 문제를 만날 수 있다. 따라서 그것들을 적당히 착용하라.	kinds of foot을 연음해볼까요? 일단 kinds의 /z/를 of 쪽으로 붙입니다. 그리고 of의 /v/와 foot의 /f/를 연음하여 아랫입술을 단 1회만 터치해서 발음합니다.
Many of us wear skinny jeans, but don't get them too tight. 우리 다수는 스키니 진을 입지만, 너무 타이트하게 입지 말라.	Many of us에서 전치사 of의 실제 소리인 [ʌv]를 좌우로 연음하여 [meniʌvʌs]처럼 자연스럽게 발음합니다.
You can start to see stomach—related problems such as indigestion, or heart burn as well as nerve-related problems which would cause burning, numbness, some sensitivity changes in the thigh. 당신은 화끈거림, 마비, 약간의 허벅지 민감도 변화를 야기할 수 있는 신경에 관련된 문제들뿐 아니라 소화불량, 아니면 속 쓰림과 같은 복부와 관련된 문제를 보기 시작할 수 있다.	'-related'의 '-ed'를 잘 발음하고 있나요? 소리를 터뜨리지 않고 발음해야 합니다. stomach–related problems는 [스떠맥 릴레이릿(쉬고)프라블름즈]로, nerve-related problems도 [널브 릴레이릿(쉬고)프라블름즈] 이렇게요!
And what about what you wear under those jeans? More delicate materials like silk or breathable cotton that doesn't trap in humidity. 청바지 안에 입는 것은 어떤가? 습기를 가두지 않는 실크나 통풍이 잘 되는 면과 같은 보다 섬세한 재료들(이 좋다).	what about what you wear를 연음해볼까요? 우선 what의 /t/를 굴려서 what about을 [와러바웃]으로 읽습니다. 다음 what you를 /t/+/y/=/ʧ/ 구개음화를 적용하여 [왓츄]로 읽습니다.
Dangly earrings are popular, but if they are too heavy they can elongate the hole in your ear. 달랑거리는 귀걸이는 인기가 있지만, 그것들이 너무 무거우면 당신 귀의 구멍을 늘어뜨릴 수 있다.	earring의 발음을 [이어링]처럼 [ㄹ] 발음으로 포기하지 말고, ear를 먼저 발음해서 /r/ 발음이 혀끝이 어딘가에 닿지 않는 소리임을 확인한 후에 [링]이 아닌 [잉]을 곧바로 갖다붙여 발음합니다.
And if they get snagged on something you can tear your earlobe. Wearing earrings that contain nickel give some people a rash. 그리고 그것들이 어떤 것에 걸린다면 당신의 귓불을 찢을 수 있다. 니켈을 포함한 귀걸이를 착용하는 것은 몇몇 사람들에게 두드러기를 유발시킬 수 있다.	'-ed'형태를 주의하여 잘 연음합니다. snagged on에서 [snægd ɔn]의 /d/를 뒤로 연음하여 [snæg dɔn], 마치 [스낵 던]처럼 발음합니다.
As with all fashion items, wear them for a short period of time, and just be smart. 이 모든 패션 아이템들과 마찬가지로, 그것들을 짧은 기간 동안 착용하라. 그리고 현명하라.	just be smart에서 just be의 /s, t, b/ 자음 3개이므로 [줘스비]처럼 발음합니다.
Looking good without damaging your health is important. 당신의 건강에 손상 없이 보기 좋아 보이는 것이 중요하다.	important의 /t/를 목구멍 끊는 소리로 읽어봅니다.

REVIEW

문장 다시 말해보기

✌ 당신이 옷에 돈 펑펑 쓰기를 좋아한다면, 당신은 재정적인 문제를 만나게 될 것이다.
If you love to _____, you will _____.

✌ 나는 오늘 우연히 내 전여자친구을 만났다.
I _____.

✌ 그 차가 한 나무에 충돌했다.
The car _____.

✌ 나의 연소득은 1억 원에 달할 것이다.
My annual income will _____.

기초어순 복습훈련

1. 모든 종류의 발 문제들을 만나다
2. 그것들을 적당히 착용하라
3. 대롱거리는 귀걸이들
4. 어떤 것에 걸리다

| 정답 | 1. run into all kinds of foot problems / 2. wear them in moderation / 3. dangly earrings / 4. get snagged on something

지금 이 순간 원어민이 쓰고 있는 회화표현

be in a pickle
곤경에 처한

Emily	I'm lost. I think I'm **in a pickle**. What should I do? 저는 길을 잃었어요. 저는 곤경에 처해 있어요.. 어떻게 해야 할까요?
Sam	Let me help you. 제가 당신을 도와줄게요.

 · lost[lɔst]   길을 잃은

 · think I'm in a 연음하기: [θiŋk aim in ə]
　　　　　　　　　　　　→ [θiŋ kai mi nə, 씽까이미너]

83

Day 10

Diet Soda and Alcohol
다이어트 탄산음료에 술을 섞어 먹으면 더 취한다

WARMING UP 전체 문장 의미파악

아래 문장을 가볍게 읽어보며 내용 흐름을 파악해보세요. 시간제한을 두고 읽어야 더욱 집중이 됩니다. 시~작!

When people mix diet instead of regular soda with their alcohol, they get more intoxicated according to a new study.
Researchers recruited 16 college students and had the young adults drink vodka with regular soda at a strength that was the equivalent to four mixed drinks. They took a breathalyzer test and passed.
On another day, the students drank the same amount of vodka, but with diet soda.
But instead of passing they breathalyzer test, they failed.
They were above the legal limit for alcohol and didn't know it.
So why would alcohol with diet soda get you more drunk faster?
There's no sugar in it, so it goes through the stomach a lot faster.
And this can compromise your health.
Higher blood alcohol concentrations affect your brain, they affect your liver.
If you're drinking, whether out on the town or closer to home, there are steps you can take to keep from getting too intoxicated.
First, drink in moderation.
Eat food either before or while you drink.
Alternate non-alcoholic and alcoholic beverages, and choose regular mixers, not diet.
And, don't forget to enlist a designated driver.

Part 01   어휘·구문·문장 의미파악

Step 1 핵심어휘 의미

단어가 문장에서 어떻게 쓰이는지를 보기 위한 전 단계입니다. 핵심적인 의미파악을 꼭 해두세요!

- ☑ intoxicate — 취하게 하다
- ☐ equivalent — 동등한 것
- ☐ breathalyzer — 음주측정기
- ☐ compromise — 위태롭게 하다
- ☐ blood alcohol concentration — 혈중 알코올 농도
- ☐ in moderation — 적당히
- ☐ alternate — 번갈아 하다
- ☐ enlist — 요청하여 얻다
- ☐ designated driver — 지명운전자, 대리운전자

Step 2 핵심구문 의미

스크립트에 들어가기 전에 멋지게 발음해볼 주요 표현을 미리 맛보자구요~

- ☑ mix diet instead of regular soda with their alcohol — 일반 탄산음료 대신 다이어트 소다를 알코올에 섞다
- ☐ equivalent to four mixed drinks — 4잔의 혼합주에 상당한 것
- ☐ above the legal limit for alcohol — 알코올 법적 제한을 넘어서다
- ☐ compromise your health — 당신의 건강을 위태롭게 하다
- ☐ enlist a designated driver — 대리운전자를 얻다

문장 말해보기 : in moderation 적당히, 알맞게

- You must smoke *in moderation*.
  당신은 적당히 흡연해야 한다.
- Alcohol is good for your liver, as long as it's *in moderation*.
  알코올은 당신의 간에 좋다. 그것이 적당한 한.
- I work out *in moderation* to stay healthy.
  나는 건강을 유지하기 위해 적당히 운동을 한다.

Step 3 영어어순[직독직해] 이해하기

직독직해를 연습해봐요. 우리말과 영어는 어순이 달라서 어순감각을 살리는 훈련을 하지 않으면 영어가 얼른 이해가 되지 않아요. 한 줄씩 소리 내어 읽는 동시에 뜻을 생각하는 연습을 해봐요. 직접 읽고 나면 뒤에 나오는 영어발음 연습도 잘 될 거예요!

When people mix diet /	사람들이 다이어트 음료를 섞을 때
instead of regular soda /	일반 음료 대신
with their alcohol, /	그들의 알코올에,
they get more intoxicated /	그들은 더욱 취하게 된다
according to a new study. //	새로운 연구에 따르면.
Researchers recruited 16 college students /	연구원들은 16개 대학의 학생들을 모집했고
and had the young adults drink vodka with regular soda /	젊은 성인들이 일반 음료와 함께 보드카를 마시게 했다
at a strength that was the equivalent to four mixed drinks. //	이는 혼합주 넉 잔에 상당한 정도의 강도이다.
They took a breathalyzer test and passed. //	그들은 음주측정을 했고 통과되었다.
On another day, /	다음 날,
the students drank the same amount of vodka, /	그 학생들은 같은 양의 보드카를 마셨다,
but with diet soda. //	하지만 다이어트 음료와 함께.
But instead of passing they breathalyzer test, /	그러나 음주측정검사를 통과하는 대신,
they failed. //	그들은 실패했다.
They were above the legal limit for alcohol /	그들은 알코올 법적 제한 수치를 넘어섰고
and didn't know it. //	그것을 알지도 못했다.

So why would alcohol with diet soda / get you more drunk faster? //	그래서 왜 다이어트 음료와 함께 한 술이 당신을 더욱 빨리 취하게 할까?
There's no sugar in it, / so it goes through the stomach a lot faster. //	그것엔 당분이 없어서, 위를 훨씬 빨리 통과한다.
And this can compromise your health. //	그리고 이것은 당신의 건강을 위태롭게 할 수 있다.
Higher blood alcohol concentrations / affect your brain, they affect your liver. //	높은 혈중 알코올 농도는 당신의 두뇌에 영향을 미치고, 당신의 간에 영향을 미친다.
If you're drinking, / whether out on the town or closer to home, / there are steps you can take / to keep from getting too intoxicated. //	당신이 음주를 한다면, 멀리서든 가까운 데서든, 당신이 취할 수 있는 몇 가지 단계들이 있다 지나치게 취하는 것을 막기 위해.
First, drink in moderation. //	첫째, 적당히 마셔라.
Eat food either before or while you drink. //	음주 전 혹은 음주 동안에 음식을 먹어라.
Alternate non-alcoholic and alcoholic beverages, / and choose regular mixers, not diet. //	알코올 음료와 무알코올 음료를 번갈아 마시고, 일반 혼합주를 선택하라, 다이어트 음료가 아닌.
And, don't forget to enlist a designated driver. //	그리고 대리운전자를 요청하는 것을 잊지 말라.

Part 02   소리[발음] 연습

*저자의 음성강의와 함께 학습하세요.

Step 1   핵심소리[발음] 연습

우리가 늘상 해왔던 대로 영어를 발음하면 자연스러움이 다소 떨어질 수 있어요. 여기에서는 소리현상 몇 가지를 정리해봤어요. 글로도 설명을 해 놓았지만, 조금 번거롭더라도 mp3 음성강의를 들으며 따라 해보면 훨씬 좋아요!

단어 대 단어 모음 사이의 /d/ 연음

단어와 단어 사이에서 모음 사이의 /d/는 굴려서 연음한다!
- **e.g.** instead of, blood alcohol concentration

'-ic' 형태의 강세 위치

'-ic' 형태는 강세 위치를 그 바로 앞으로 변화시킨다!
- **e.g.** álcohol - alcohólic

Step 2   핵심어휘소리 연습

정확한 소리도 모른 채 뜻만 달랑 알아가는 단어학습은 반쪽짜리 영어입니다! 정확한 소리를 알아둬야 내가 발음할 때 외국인도 잘 알아듣게 되는 것이지요~ 원어민 소리도 잘 들릴 거구요! 어휘소리를 직접 저와 함께 발음해 보며 전체 문장 발음을 위한 기반을 닦아보시죠!

1. in-tóx-i-cate

[강세] 두 번째 음절

발음방법 두 번째 음절에 강세가 있다는 것을 잘 기억하고, '-ed'가 붙어 'intoxicated'가 될 땐 [인탁씨케이릿]으로 읽습니다.

2. e-quí-va-lent

[강세] 두 번째 음절

발음방법 '-qui-' 부분을 우리말 [퀴]처럼 한 번에 발음하지 말고 [쿠-이]처럼 약간 늘리는 느낌으로 읽습니다.

3. bréa-thal-y-zer

[강세] 첫 번째 음절

발음방법 이 단어는 호흡을 의미하는 breath[breθ]와 분석기를 의미하는 analyzer [ænəlaizər]의 합성어 개념으로 보면 됩니다. 그러므로 breathalyzer의 /th/는 무성음 [θ]으로 발음해야 합니다.

4. blóod álcohol concentrátion

[강세] –

발음방법 단어와 단어 사이에서 모음 사이의 /d/는 굴려집니다. blood와 alcohol을 연음하여 [블러랠커헐]처럼 읽습니다.

5. ál-ter-nate

[강세] 첫 번째 음절

발음방법 이것은 동사일 때와 형용사일 때 발음이 달라진다는 점을 유의해야 합니다. 동사일 땐 [ɔltərneit]의 이중모음으로, 형용사일 땐 [ɔltərnət]의 단모음으로 발음합니다.

6. dé-sig-na-ted

[강세] 첫 번째 음절

발음방법 여기서 /g/는 터뜨리지 않고 소리 내야 합니다. 모음 사이에 있는 /t/는 굴려서 발음합니다. [데직-네이릿]으로 읽습니다.

Step 3 전체 문장 발음/리스닝 실전연습

이제 실전이에요! 앞에서 배운 소리[발음]현상과 어휘소리를 바탕으로 전체 문장이 정확히 어떻게 발음되는지 mp3 음성강의를 통해 함께 연습하시죠!

전체 문장 및 해석	김일승의 발음 코치
When people mix diet instead of regular soda with their alcohol, they get more intoxicated according to a new study. 새로운 연구에 따르면 사람들이 그들의 알코올에 일반 음료 대신 다이어트 음료를 섞을 때, 그들은 더욱 취하게 된다.	diet instead of를 연음해볼까요? diet의 /t/를 굴리고, instead의 /d/도 굴려서 [다이어 린스떼럽]처럼 발음합니다.
Researchers recruited 16 college students and had the young adults drink vodka with regular soda at a strength that was the equivalent to four mixed drinks. They took a breathalyzer test and passed. 연구원들은 16개 대학의 학생들을 모집했고 젊은 성인들이 일반 음료와 함께 보드카를 마시게 했는데 이는 혼합주 넉 잔에 상당한 정도의 강도이다. 그들은 음주측정을 했고 통과되었다.	같은 소리 혹은 같은 성질의 소리는 하나로 연결시켜 발음합니다. equivalent to를 [이쿠이벌런 투]로 연결시켜 발음하고, mixed drinks를 [믹스 드링스]처럼 연결시켜 발음합니다.
On another day, the students drank the same amount of vodka, but with diet soda. 다음 날, 그 학생들은 같은 양의 보드카를 다이어트 음료와 함께 마셨다.	same amount of vodka를 연음해볼까요? 모음 사이의 /-nt-/일 때 /t/를 탈락시키므로 amount of를 [əmaunʌv]로 발음합니다. of_vodka는 [어밧-카]처럼 발음합니다. 즉, [세이머마우너밧-카]로 읽습니다.
But instead of passing they breathalyzer test, they failed. 그러나 음주측정검사를 통과하는 대신, 그들은 실패했다.	but instead of를 연음해볼까요? but의 /t/를 굴리고, instead의 /d/도 굴려서 [버린스떼럽]처럼 발음합니다.
They were above the legal limit for alcohol and didn't know it. 그들은 알코올 법적 제한 수치를 넘어섰고, 그것을 알지도 못했다.	딱히 연음되는 부분은 없으며, legal을 [리걸]로 발음합니다.
So why would alcohol with diet soda get you more drunk faster? 그래서 왜 다이어트 음료와 함께 한 술이 당신을 더욱 빨리 취하게 할까?	get you는 /t/+/y/=/ʧ/ 구개음화 원리에 따라 [게츄]처럼 연음합니다.
There's no sugar in it, so it goes through the stomach a lot faster. And this can compromise your health. 그것엔 당분이 없어서 위를 훨씬 빨리 통과한다. 그리고 이것은 당신의 건강을 위태롭게 할 수 있다.	stomach은 일단 [스떠맥]으로 읽습니다. stomach a lot은 [스떠매껄랏]으로 발음합니다.
Higher blood alcohol concentrations affect your brain, they affect your liver. 높은 혈중 알코올 농도는 당신의 두뇌에 영향을 미치고, 당신의 간에 영향을 미친다.	• blood alcohol은 /d/를 부드럽게 굴려서 [블러랠커헐]로 발음합니다. • affect your 는 /t/+/y/=/ʧ/ 구개음화 원리에 따라 [어펙츄얼]처럼 연음합니다.
If you're drinking, whether out on the town or closer to home, there are steps you can take to keep from getting too intoxicated. 멀리서든 가까운 데서든 당신이 음주를 한다면, 지나치게 취하는 것을 막기 위해 당신이 취할 수 있는 몇 가지 단계들이 있다.	closer to의 /t/는 /r/과 모음 사이에 있으므로 [클로우저루]처럼 부드럽게 발음합니다.

First, drink in moderation. Eat food either before or while you drink. 첫째, 적당히 마셔라. 음주 전 혹은 음주 동안은 음식을 먹어라.	either는 [iːðər]도 좋고 [aiðər]도 괜찮습니다. 미국에서는 상대적으로 [iːðər]로, 영국에서는 상대적으로 [aiðər]로 발음하는 경향이 있습니다.
Alternate non-alcoholic and alcoholic beverages, and choose regular mixers, not diet. 알코올 음료와 무알코올 음료를 번갈아 마시고, 다이어트 음료 말고 일반 혼합주를 선택하라.	• 여기서 alternate은 동사 자리이므로 [ɔːltərneit]처럼 이중모음으로 발음합니다. • alcoholic은 세 번째 음절에 강세가 있음에 유의하여 발음합니다.
And, don't forget to enlist a designated driver. 그리고, 대리운전자를 요청하는 것을 잊지 말라.	designated driver는 [데직(쉬고)네이릿(쉬고)드라이벌]처럼 두 번 참고 발음합니다.

REVIEW

문장 다시 말해보기

☝ 당신은 적당히 흡연해야 한다.
   You must _____.

✌ 알코올은 당신의 간에 좋다, 그것이 적당한 한.
   Alcohol is _____, as _____.

🖐 나는 건강을 유지하기 위해 적당히 운동을 한다.
   I work out _____.

기초어순 복습훈련

1. 다이어트 소다를 그들의 알코올에 섞다 🎤
2. 4잔의 혼합주에 상당한 것 🎤
3. 같은 양의 보드카 🎤
4. 당신의 두뇌에 영향을 미치다 🎤

| 정답 | 1. mix diet soda with their alcohol / 2. the equivalent to four mixed drinks / 3. same amount of vodka / 4. affect your brain

Day 11

Tips to Help You Sleep
당신이 잠을 잘 자기 위한 팁

WARMING UP   전체 문장 의미파악

아래 문장을 가볍게 읽어보며 내용 흐름을 파악해보세요. 시간제한을 두고 읽어야 더욱 집중이 됩니다. 시~작! 01:30

Feeling tired, crabby and just plain worn out? Perhaps the problem was a lousy night's sleep. A chronic lack of sleep can increase the risk for obesity, diabetes, heart disease and other illnesses.

So it's important to get proper sleep.

For adults that means about 7 or 8 hours a night, teens about 9 or 10, and younger school age children at least 10 hours each evening.

If you're struggling to get enough sleep, here are some tips to help you get your Zs.

Though it might be tough, try to stick to a sleep schedule.

Go to bed and get up the same time every day, even on the weekends. This reinforces your body's sleep-wake cycle.

Try not to drink anything with caffeine or alcohol too close to bedtime or this may disrupt your sleep.

Consider starting a relaxing bedtime routine, such as taking a warm bath or shower, reading a book or listening to soothing music.

It can help ease the transition between wakefulness and drowsiness.

If you nap during the day try to limit it to no more than 30 minutes or you may have trouble falling asleep later that evening.

Regular exercise can help you fall asleep faster and may promote deeper sleep, and try to manage your stress so you can wind down at the end of the day.

Part 01 　　　　　　　　　　　　　　　어휘·구문·문장 의미파악

Step 1 핵심어휘 의미
단어가 문장에서 어떻게 쓰이는지를 보기 위한 전 단계입니다. 핵심적인 의미파악을 꼭 해두세요!

- ☑ crabby — 짜증나는, 불쾌한
- ☐ worn out — 녹초가 된
- ☐ chronic — 만성의
- ☐ obesity — 비만
- ☐ diabetes — 당뇨병
- ☐ reinforce — 강화하다
- ☐ disrupt — 방해하다
- ☐ soothing — 달래주는
- ☐ transition — 변화
- ☐ wakefulness — 눈뜨는 것
- ☐ drowsiness — 졸림, 졸음
- ☐ wind down — 차분해지다

Step 2 핵심구문 의미
스크립트에 들어가기 전에 멋지게 발음해볼 주요 표현을 미리 맛보자구요~

- ☑ just plain worn out — 완전히 지친
- ☐ lousy night's sleep — 형편없는 수면
- ☐ struggle to get enough sleep — 충분한 수면을 위해 발버둥 치다
- ☐ reinforce your body's sleep-wake cycle — 당신의 수면각성 주기를 강화시키다
- ☐ ease the transition between wakefulness and drowsiness — 깨는 것과 졸리는 것 사이의 변화를 용이하게 하다

93

문장 말해보기 : try not to *sth* *sth* 하지 않도록 노력하라

- ☝ ***Try not to*** eat French fries too often.
  프렌치프라이를 너무 자주 먹지 않도록 노력하라.
- ☝ ***Try not to*** walk up the escalator.
  에스컬레이터를 걸어 올라가지 않도록 노력하라.
- ☝ ***Try not to*** think about that.
  그것을 생각하지 않도록 노력하라.

Step 3 영어어순[직독직해] 이해하기

직독직해를 연습해봐요. 우리말과 영어는 어순이 달라서 어순감각을 살리는 훈련을 하지 않으면 영어가 얼른 이해가 되지 않아요. 한 줄씩 소리 내어 읽는 동시에 뜻을 생각하는 연습을 해봐요. 직접 읽고 나면 뒤에 나오는 영어발음 연습도 잘 될 거예요!

Feeling tired, crabby and just plain worn out? //	피곤하고, 짜증나고, 녹초가 된 느낌인가?
Perhaps the problem was a lousy night's sleep. //	아마 문제는 형편없는 수면 때문이었을 것이다.
A chronic lack of sleep /	만성적인 수면 부족은
can increase the risk for obesity, diabetes, heart disease and other illnesses. //	비만, 당뇨병, 심장병, 그리고 다른 질병들의 위험을 증가시킬 수 있다.
So it's important to get proper sleep. //	그래서 적절한 수면을 취하는 것은 중요하다.
For adults that means about 7 or 8 hours a night, /	성인들의 경우 밤에 7~8시간 정도를 의미한다.
teens about 9 or 10, /	10대들의 경우 9~10시간,
and younger school age children at least 10 hours each evening. //	어린 취학 연령의 아이들은 적어도 매 저녁마다 10시간 정도.
If you're struggling to get enough sleep, /	당신이 충분한 수면을 취하는 데 어려움을 겪고 있다면,
here are some tips to help you get your Zs. //	당신이 잠을 잘 수 있게 도와줄 몇 가지 팁들이 있다.
Though it might be tough, /	비록 힘들 수 있겠지만,
try to stick to a sleep schedule. //	수면 스케줄을 고수하려 노력하라.
Go to bed and get up the same time every day, /	매일 같은 시간에 취침하고 기상하라,
even on the weekends. //	심지어 주말에도.
This reinforces your body's sleep-wake cycle. //	이것은 당신 신체의 수면각성 주기를 강화시켜 준다.

Try not to drink anything with caffeine or alcohol /	카페인이나 알코올이 든 음료를 마시지 않도록 노력하라
too close to bedtime /	취침시간에 너무 가까운 때에
or this may disrupt your sleep. //	그렇지 않으면 이는 당신의 수면을 방해할 것이다.
Consider starting a relaxing bedtime routine, /	편안한 취침시간을 위한 습관을 시작하는 것을 고려하라,
such as taking a warm bath or shower, /	이를테면 따뜻한 목욕이나 샤워하기,
reading a book or listening to soothing music. //	독서, 아니면 진정시켜주는 음악 듣기와 같은 것을.
It can help ease the transition /	그것은 변화를 쉽게 도와줄 수 있다
between wakefulness and drowsiness. //	깨는 것과 졸리는 것 사이의.
If you nap during the day /	낮 동안 낮잠을 잔다면
try to limit it to no more than 30 minutes /	그것이 30분을 넘지 않도록 제한하라
or you may have trouble falling asleep later that evening. //	그렇지 않으면 저녁에 잠드는 데 어려움을 겪을 것이다.
Regular exercise can help you fall asleep faster /	규칙적인 운동은 당신을 보다 빠르게 잠들게 도와줄 수 있으며
and may promote deeper sleep, /	더욱 깊은 수면을 촉진한다,
and try to manage your stress /	그리고 당신의 스트레스를 관리하려고 노력하라
so you can wind down at the end of the day. //	그래야 당신은 하루를 마칠 무렵 차분해 질 수 있다.

Part 02

소리[발음] 연습

*저자의 음성강의와 함께 학습하세요.

핵심소리[발음] 연습

우리가 늘상 해왔던 대로 영어를 발음하면 자연스러움이 다소 떨어질 수 있어요. 여기에서는 소리현상 몇 가지를 정리해봤어요. 글로도 설명을 해 놓았지만, 조금 번거롭더라도 mp3 음성강의를 들으며 따라 해보면 훨씬 좋아요!

같은 소리의 연결

같은 소리(혹은 같은 성질의 소리)가 붙어있을 땐 연결하여 한 번만 발음한다!

e.g. lousy night's‿sleep

/t/ + /y/ = /ʧ/

단어 끝 /t/와 단어 첫 /y/가 만나면 /ʧ/로 구개음화 현상이 발생한다!

e.g. disrupt‿your sleep

핵심어휘소리 연습

정확한 소리도 모른 채 뜻만 달랑 알아가는 단어학습은 반쪽짜리 영어입니다! 정확한 소리를 알아둬야 내가 발음할 때 외국인도 잘 알아듣게 되는 것이지요~ 원어민 소리도 잘 들릴 거구요. 어휘소리를 직접 저와 함께 발음해 보며 전체 문장 발음을 위한 기반을 닦아보시죠!

1. o-bé-si-ty

[강세] 두 번째 음절

발음방법 obesity를 [오우베시리]로 잘못 발음하곤 하는데, [오우비시리]임을 유의해야 합니다.

2. dia-bé-tes

[강세] 두 번째 음절

발음방법 diabetes의 /t/는 모음 사이에 있으므로 굴려서 부드럽게 발음합니다.

3. re-in-fórce

[강세] 세 번째 음절

발음방법 모음 앞의 'r'은 입술을 오므렸다가 펼치면서 발음하고, 강세도 맨 마지막에 있다는 것에 유의합니다.

4. di-srúpt

[강세] 두 번째 음절

발음방법 모음 앞의 'r'은 입술을 오므렸다가 펼치면서 발음합니다.

5. sóo-thing

[강세] 첫 번째 음절

발음방법 여기서의 'th'는 유성음 /ð/임에 유의합니다. [수딩]처럼 우리말 [ㄷ] 발음을 하지 않도록 유의합니다.

6. wind down

[강세] –

발음방법 같은 소리는 한 번만 발음하여 [와인 다운]처럼 연음합니다.

Step 3 전체 문장 발음/리스닝 실전연습

이제 실전이에요! 앞에서 배운 소리[발음]현상과 어휘소리를 바탕으로 전체 문장이 정확히 어떻게 발음되는지 mp3 음성강의를 통해 함께 연습하시죠!

전체 문장 및 해석	김일승의 발음 코치
Feeling tired, crabby and just plain worn out? 피곤하고, 짜증나고, 녹초가 된 느낌인가?	자음이 3개일 땐 가운데 자음을 탈락시킵니다. just plain에서 /s, t, p/가 자음 3개이므로 가운데 자음인 /t/를 탈락시켜 [줘스 플레인]처럼 발음합니다.
Perhaps the problem was a lousy night's sleep. 아마 문제는 형편없는 수면 때문이었을 것이다.	같은 소리는 자연스럽게 연음한다고 설명한 바 있습니다. night's sleep을 [나잇슬리입]처럼 한 소리로 연음합니다.
A chronic lack of sleep can increase the risk for obesity, diabetes, heart disease and other illnesses. So it's important to get proper sleep. 만성적인 수면 부족은 비만, 당뇨병, 심장병, 그리고 다른 질병들의 위험을 증가시킬 수 있다. 그래서 적절한 수면을 취하는 것은 중요하다.	역시 이 문장에서는 important의 /t/ 소리를 내 보는 것이 관건입니다. 'import-'까지 하고 나서 목구멍으로 소리를 끊어 [임포얼엇-은]처럼 발음합니다.
For adults that means about 7 or 8 hours a night, teens about 9 or 10, and younger school age children at least 10 hours each evening. 성인들의 경우 밤에 7~8시간 정도, 10대들의 경우 9~10시간, 어린 취학 연령의 아이들은 적어도 매 저녁마다 10시간 정도를 의미한다.	8 hours a를 연음해 봅니다. eight hours a에서 eight의 /t/를 굴리고 hours의 /z/를 뒤쪽으로 붙여 연음하여 [에이라우얼제]로 읽습니다.
If you're struggling to get enough sleep, here are some tips to help you get your Zs. 당신이 충분한 수면을 취하는 데 어려움을 겪고 있다면, 당신이 잠을 잘 수 있게 도와줄 몇 가지 팁들이 있다.	get your Zs를 발음해볼까요? /t/+/y/=/ʧ/이므로 [개츄얼]처럼 연음하고, Z는 /ziː/로 읽습니다. 참고로 영국식 발음은 /zed/로 읽습니다. 우리 책에서는 미국식 발음으로 읽고 있으므로 일관성 있게 /ziː/로 읽는 것이 바람직하겠습니다.
Though it might be tough, try to stick to a sleep schedule. Go to bed and get up the same time every day, even on the weekends. This reinforces your body's sleep-wake cycle. 비록 힘들 수 있겠지만, 수면 스케줄을 고수하려 노력하라. 매일 같은 시간에 취침하고 기상하라, 심지어 주말에도. 이것은 당신 신체의 수면각성 주기를 강화시켜 준다.	Go to bed에서 전치사 to의 /t/는 모음 사이에 있으므로 [고우 투]도 좋지만 [고우 루]처럼 부드럽게 연음하여 읽습니다.
Try not to drink anything with caffeine or alcohol too close to bedtime or this may disrupt your sleep. 취침시간에 너무 가까운 때에 카페인이나 알코올이 든 음료를 마시지 않도록 노력하라, 그렇지 않으면 이는 당신의 수면을 방해할 것이다.	close는 동사로도 쓰이고 형용사로도 쓰이기도 합니다. 동사일 땐 모음을 긴 듯하게 발음하는 반면, 형용사일 땐 모음을 짧게 발음합니다. 이 문장에 있는 close는 '가까운'의 의미인 형용사이므로 모음을 비교적 짧은 듯하게 발음합니다.
Consider starting a relaxing bedtime routine, such as taking a warm bath or shower, reading a book or listening to soothing music. 편안한 취침시간을 위한 습관을 시작하는 것을 고려하라, 이를테면 따뜻한 목욕이나 샤워하기, 독서, 아니면 진정시켜주는 음악 듣기와 같은 것 말이다.	or의 소리인 [ɔr]의 빠른 소리는 [ər]입니다. 이 문장에 있는 or를 빠르게 연음하면 bath or은 [bæðər]로, book or은 [bukər]로 부드럽게 읽습니다.

It can help ease the transition between wakefulness and drowsiness. If you nap during the day, try to limit it to no more than 30 minutes, or you may have trouble falling asleep later that evening.

그것은 깨는 것과 졸리는 것 사이의 변화를 쉽게 도와줄 수 있다. 낮 동안 낮잠을 잔다면 30분을 넘지 않도록 제한하라, 그렇지 않으면 저녁에 잠드는 데 어려움을 겪을 것이다.

모음 사이의 /t/는 부드럽게 굴려 발음합니다. try to limit it에서 to의 /t/와 limit의 /t/는 모두 모음 사이에 있으므로 굴려서 연음이 가능합니다. [츄라이루 리미릿]처럼 발음해봅니다.

Regular exercise can help you fall asleep faster and may promote deeper sleep, and try to manage your stress so you can wind down at the end of the day.

규칙적인 운동은 당신을 보다 빠르게 잠들게 도와줄 수 있으며 더욱 깊은 수면을 촉진한다. 그리고 당신의 스트레스를 관리하려고 노력하라 그래야 당신은 하루를 마칠 무렵 차분해 질 수 있다.

같은 소리는 한 번만 발음합니다. wind down에서 /d/가 연속되므로 [와인 다운]처럼 자연스럽게 발음합니다.

REVIEW

문장 다시 말해보기

- 프렌치프라이를 너무 자주 먹지 않도록 노력하라.
  _____.

- 에스컬레이터를 걸어 올라가지 않도록 노력하라.
  _____.

- 그것을 생각하지 않도록 노력하라.
  _____.

기초어순 복습훈련

1. 만성적인 수면 부족
2. 충분한 잠을 자려고 몸부림 치다
3. 수면 스케줄을 고수하다
4. 당신의 수면을 방해하다

| 정답 | 1. a chronic lack of sleep / 2. struggle to get enough sleep / 3. stick to the sleep schedule / 4. disrupt your sleep

Day 12

Conversation: At the Hotel
호텔에서

WARMING UP 전체 문장 의미파악

아래 문장을 가볍게 읽어보며 내용 흐름을 파악해보세요. 시간제한을 두고 읽어야 더욱 집중이 됩니다. 시~작! 01:30

Receptionist: Hi, what can I do for you, sir?
You: I would like to spend the night here.
Receptionist: Okay, do you have a reservation?
You: Yes.
Receptionist: Okay, what name is the reservation under?
You: Zach.
Receptionist: Would you spell that out for me?
You: Z-A-C-H.
Receptionist: Okay, got it! Here is your key. We offer a complimentary breakfast buffet from 7 to 10 at our restaurant. And check out time is 11 AM the day of your departure. Do you have any questions?
You: No, thanks.
Receptionist: Would you like some assistance bringing your bags up to your room? Our bellboy would be more than happy to assist you to your room.
You: That would be great.

Part 01   어휘·구문·문장 의미파악

Step 1   핵심어휘 의미
단어가 문장에서 어떻게 쓰이는지를 보기 위한 전 단계입니다. 핵심적인 의미파악을 꼭 해두세요!

- ☑ reservation   예약
- ☐ complimentary   무료의
- ☐ buffet   뷔페
- ☐ restaurant   식당
- ☐ departure   출발
- ☐ assistance   도움

Step 2   핵심구문 의미
스크립트에 들어가기 전에 멋지게 발음해볼 주요 표현을 미리 맛보자구요~

- ☑ spend the night   밤새 머물다
- ☐ have a reservation   예약이 되어 있다
- ☐ spell out   철자를 말하다
- ☐ complimentary breakfast buffet   무료 아침 뷔페
- ☐ the day of departure   출발일

문장 말해보기 : more than happy to *sth*   *sth* 하는 것이 매우 행복하다

- ✌ I'm *more than happy to* answer your question.
  여러분의 질문에 답하는 것이 매우 행복합니다.
- ✌ I'm *more than happy to* teach you English.
  당신에게 영어를 가르치는 것이 매우 행복해요.
- ✌ I'm *more than happy to* help you.
  당신을 돕는 것이 매우 행복해요.

영어어순[직독직해] 이해하기

직독직해를 연습해봐요. 우리말과 영어는 어순이 달라서 어순감각을 살리는 훈련을 하지 않으면 영어가 얼른 이해가 되지 않아요. 한 줄씩 소리 내어 읽는 동시에 뜻을 생각하는 연습을 해봐요. 직접 읽고 나면 뒤에 나오는 영어발음 연습도 잘 될 거예요!

Receptionist: Hi, what can I do for you, sir?	안녕하세요, 무엇을 도와드릴까요?
You: I would like to spend the night here.	여기서 하룻밤 묵고자 합니다.
Receptionist: Okay, do you have a reservation?	좋습니다, 예약하셨나요?
You: Yes.	그렇습니다.
Receptionist: Okay, what name is the reservation under?	무슨 이름으로 예약하셨나요?
You: Zach.	Zach입니다.
Receptionist: Would you spell that out for me?	스펠링이 어떻게 되나요?
You: Z-A-C-H.	Z-A-C-H입니다.
Receptionist: Okay, got it! Here is your key. We offer a complimentary breakfast buffet from 7 to 10 at our restaurant. And check out time is 11 AM the day of your departure. Do you have any questions?	알았습니다. 여기 키가 있습니다. 저희 식당에서 7시부터 10시까지 무료로 아침 뷔페를 제공합니다. 그리고 체크아웃 시간은 오전 11시입니다. 다른 질문이 있나요?
You: No, thanks.	아니오, 괜찮습니다.
Receptionist: Would you like some assistance bringing your bags up to your room? Our bellboy would be more than happy to assist you to your room.	당신의 가방을 방으로 올려주는 도움이 필요하신가요? 우리 벨보이가 당신을 방으로 도울 것입니다.
You: That would be great.	좋습니다.

Part 02 소리[발음] 연습

*저자의 음성강의와 함께 학습하세요.

 핵심소리[발음] 연습

우리가 늘상 해왔던 대로 영어를 발음하면 자연스러움이 다소 떨어질 수 있어요. 여기에서는 소리현상 몇 가지를 정리해봤어요. 글로도 설명을 해 놓았지만, 조금 번거롭더라도 mp3 음성강의를 들으며 따라 해보면 훨씬 좋아요!

프랑스어 어휘	프랑스어가 어원인 어휘는 끝 't'를 발음하지 않는 경우가 많다! **e.g.** debut, valet
/d/+/y/=/dʒ/	단어 끝 /d/와 단어 첫 /y/가 만나면 /dʒ/로 구개음화 현상이 발생한다! **e.g.** would‿you[wud‿yuː] → [wu dʒuː]

 핵심어휘소리 연습

정확한 소리도 모른 채 뜻만 달랑 알아가는 단어학습은 반쪽짜리 영어입니다! 정확한 소리를 알아둬야 내가 발음할 때 외국인도 잘 알아듣게 되는 것이지요~ 원어민 소리도 잘 들릴 거구요! 어휘소리를 직접 저와 함께 발음해 보며 전체 문장 발음을 위한 기반을 닦아보시죠!

1. re-ser-vá-tion

[강세] 세 번째 음절

발음방법 '-tion'으로 끝나는 접미사 바로 앞에 항상 강세가 있으므로 /va/에 힘을 주어 발음합니다.

2. com-pli-mén-tary

[강세] 세 번째 음절

발음방법 끝 부분의 '-tary'를 [테리]처럼 발음하지 말고, [-tri, 츄리]로 발음하세요. 즉, [컴플리멘터리]가 아닌 [캄플리멘츄리]로 발음하면 됩니다.

3. bu-ffét

[강세] 두 번째 음절

발음방법 이 단어의 발음을 [뷔페]라고 하지 말고 [bəfei, 버페이]처럼 발음합니다. 마지막 /t/는 발음하지 않습니다.

4. ré-staurant

[강세] 첫 음절 강세

발음방법 이 단어를 발음할 땐, 우선 're-'를 발음하고 나서 '-staurant'를 단번에 발음해야 합니다. 발음기호는 [-strant]입니다.

5. de-pár-ture

[강세] 두 번째 음절

발음방법 이 단어는 어렵지 않게 발음할 수 있을 겁니다. 강세만 두 번째 음절에 온다는 것을 확실히 잡기 바랍니다.

6. as-sí-stance

[강세] 두 번째 음절

발음방법 /s/ 다음에 오는 /t/는 된소리이므로 [어시스뜬스]로 발음하면 됩니다.

Step 3 전체 문장 발음/리스닝 실전연습

이제 실전이에요! 앞에서 배운 소리[발음]현상과 어휘소리를 바탕으로 전체 문장이 정확히 어떻게 발음되는지 mp3 음성강의를 통해 함께 연습하시죠!

전체 문장 및 해석	김일승의 발음 코치
Hi, what can I do for you, sir? / I would like to spend the night here. 안녕하세요, 무엇을 도와드릴까요? / 여기서 하룻밤 묵고자 합니다.	spend the를 연음해볼까요? 자음+자음+자음의 경우에 가운데 자음을 탈락시킵니다. 여기서 spend의 끝 /n, d/와 the의 /ð/가 만나 자음 3개가 되는군요. 가운데 자음 /d/를 탈락시켜 [spen ðə, 스뻰 더]처럼 연음해봅니다.
Okay, do you have a reservation? / Yes. 좋습니다. 예약하셨나요? / 그렇습니다.	have의 /-v/를 뒤로 붙여서 [hæv ə] → [hæ və, 해버]가 되는 기초연음입니다.
Okay, what name is the reservation under? / Zach. 무슨 이름으로 예약하셨나요? / Zach입니다.	앞에서도 다뤘듯이, Zach은 Jack과 다릅니다. Zach의 /z/는 혀끝을 진동시켜 소리내는 반면, Jack의 /dʒ/는 혓바닥을 입천장에 닿게 하여 소리 냅니다.
Would you spell that out for me? / Z-A-C-H. 스펠링이 어떻게 되나요? / Z-A-C-H입니다.	• would you를 연음할 땐 /d/+/y/=/dʒ/이므로 [wu dʒuː, 우쥬]로 발음하면 됩니다. • that out을 연음할 땐, that의 끝 /t/를 굴려서 [대라웃]처럼 발음하면 됩니다. • 알파벳 'z'를 영국에서는 [zed]로 읽고 미국에서는 [ziː]로 읽습니다. 여기서는 후자인 [ziː]로 발음하도록 합니다.
Okay, got it! Here is your key. We offer a complimentary breakfast buffet from 7 to 10 at our restaurant. And check out time is 11 AM the day of your departure. Do you have any questions? / No, thanks. 알았습니다. 여기 키가 있습니다. 저희 식당에서 7시부터 10시까지 무료로 아침 뷔페를 제공합니다. 그리고 체크아웃 시간은 오전 11시입니다. 다른 질문이 있나요? / 아니오, 괜찮습니다.	• complimentary를 읽을 때 '-men-'에 강세를 두어 발음합니다. • breakfast buffet를 연음할 땐 /s, t, b/에서 가운데 자음 /t/를 탈락시켜 [brek-fəst bə-fei] → [brek-fəs bə-fei, 브렉퍼스 버페이]처럼 연음하면 됩니다.
Would you like some assistance bringing your bags up to your room? Our bellboy would be more than happy to assist you to your room. 당신의 가방을 방으로 올려주는 도움이 필요하신가요? 우리 벨보이가 당신을 방으로 도울 것입니다.	happy to assist you를 연음해볼까요? 전치사 to의 /t/는 모음 사이에 있으므로 [해뻐루]처럼 연음합니다. assist you는 /t/+/y/=/dʒ/이므로 [ə-sist yuː] → [ə-sis tʃuː, 어시스 츄]로 연음하면 됩니다.
That would be great. 좋습니다.	would be를 연음할 땐 [우드비]보다는 [웟] 하고 0.2초 쉬었다가 [비]로 발음합니다.

REVIEW

문장 다시 말해보기

👆 여러분의 질문에 답하는 것이 매우 행복합니다.
I'm _____.

👆 당신에게 영어를 가르치는 것이 매우 행복해요.
I'm _____.

👆 당신을 돕는 것이 매우 행복해요.
I'm _____.

기초어순 복습훈련

1. 나를 위해 그 철자를 말하다 🎤
2. 무료로 아침 뷔페를 제공하다 🎤
3. 당신의 가방들을 당신 방으로 올려다 주다 🎤

| 정답 | 1. spell that out for me / 2. offer a complimentary breakfast buffet / 3. bring your bags up to your room

Day 13

Eating Smart When Dining Out
외식할 때 현명하게 먹기

WARMING UP 전체 문장 의미파악

아래 문장을 가볍게 읽어보며 내용 흐름을 파악해보세요. 시간제한을 두고 읽어야 더욱 집중이 됩니다. 시~작!  01:30

Americans love to splurge when they go out to eat.
But if you eat out 5 or 6 times a week, you have to make sensible choices or it's hard to keep the weight off.
Start by looking for clues that foods are high in calories.
You might want to look for things like crispy, creamy, breaded, smothered… those are not the ones you want to order.
Do you typically choose those? So you want to look for foods that are grilled or steamed instead.
Try to order first so you'll be less tempted by others' choices, and don't be afraid to ask the server to tailor your meal to make it healthier.
Order steamed veggies instead of fries.
Always order your salad dressing on the side.
And try not to use all of it.
Also ask the server to bring a to-go box, so when your meal arrives, you put half of it away, take it home with you.
Because it's in front of us, we tend to eat it.

Part 01　　　어휘·구문·문장 의미파악

 핵심어휘 의미
단어가 문장에서 어떻게 쓰이는지를 보기 위한 전 단계입니다. 핵심적인 의미파악을 꼭 해두세요!

- ☑ splurge　　　　　　돈을 펑펑 쓰다
- ☐ sensible　　　　　　분별 있는, 합리적인
- ☐ clue　　　　　　　　단서
- ☐ crispy　　　　　　　바삭한
- ☐ smothered　　　　　듬뿍 바른
- ☐ typically　　　　　　일반적으로
- ☐ steamed　　　　　　찐
- ☐ tailor　　　　　　　조정하다, 맞추다

 핵심구문 의미
스크립트에 들어가기 전에 멋지게 발음해볼 주요 표현을 미리 맛보자구요~

- ☑ love to splurge　　　　　　　　　　돈을 펑펑 쓰기를 좋아하다
- ☐ keep the weight off　　　　　　　　체중을 줄이다
- ☐ be less tempted by others' choice　다른 이들의 선택에 의해 유혹받다
- ☐ tailor your meal　　　　　　　　　당신의 식사를 조정하다
- ☐ bring a to-go box　　　　　　　　　포장해 갈 용기를 챙기다

> **문장 말해보기** : instead of *sth* *sth* 대신에
>
> ☝ I chose Julie *instead of* Joan.
> 나는 Joan 대신 Julie를 택했다.
>
> ✌ I'll have americano *instead of* latte.
> 나는 라테 대신 아메리카노를 마실게요.
>
> 🖐 I read a lot of books *instead of* wasting time.
> 나는 시간을 낭비하는 대신 많은 책을 읽었다.

영어어순[직독직해] 이해하기

직독직해를 연습해봐요. 우리말과 영어는 어순이 달라서 어순감각을 살리는 훈련을 하지 않으면 영어가 얼른 이해가 되지 않아요. 한 줄씩 소리 내어 읽는 동시에 뜻을 생각하는 연습을 해봐요. 직접 읽고 나면 뒤에 나오는 영어발음 연습도 잘 될 거예요!

Americans love to splurge /	미국인들은 돈을 펑펑 쓰기를 좋아한다
when they go out to eat. //	그들이 외식할 때.
But if you eat out 5 or 6 times a week, //	그러나 당신이 일주일에 5~6회 외식을 한다면,
you have to make sensible choices /	분별 있는 선택을 해야 한다
or it's hard to keep the weight off. //	그렇지 않으면 체중을 감량하기 어려워진다.
Start by looking for clues that foods are high in calories. //	그러한 음식들은 열량이 높다는 단서들을 찾는 것으로 시작하라.
You might want to look for things /	당신은 원할 수 있다
like crispy, creamy, breaded, smothered... /	바삭바삭하고, 크림 많고, 빵가루가 입혀지고, 듬뿍 발라진 것들을...
those are not the ones you want to order. //	그러한 것들은 당신이 주문하길 원하는 것들이 아니다.
Do you typically choose those? //	일반적으로 그런 것들을 고르는가?
So you want to look for foods /	당신은 음식들을 찾아야 한다
that are grilled or steamed instead. //	그 대신에 그릴에 구운, 아니면 찐 것을.
Try to order first /	처음으로 주문하려 노력하라
so you'll be less tempted by others' choices, /	그래야 다른 사람들의 선택에 의해 덜 유혹당할 것이다.
and don't be afraid to ask the server to tailor your meal /	그리고 서빙하는 사람에게 당신의 식사를 조정하도록 요청하는 것을 두려워 말라
to make it healthier. //	보다 건강하게 만들기 위해.

Order steamed veggies instead of fries. //	프렌치프라이 대신 찐 야채를 주문하라.
Always order your salad dressing on the side. //	항상 샐러드 드레싱을 곁들여 주문하라.
And try not to use all of it. //	그리고 그것을 모두 사용하지는 말아라.
Also ask the server to bring a to-go box, /	또한 서빙하는 사람에게 포장해갈 용기를 요청하라.
so when your meal arrives, /	그래서 식사가 도착할 때,
you put half of it away, take it home with you. //	그것의 절반을 치워두고 집에 가져가라.
Because it's in front of us, /	그것이 우리들 앞에 있기 때문에,
we tend to eat it. //	우리는 그것을 먹는 경향이 있다.

Part 02 소리[발음] 연습

* 저자의 음성강의와 함께 학습하세요.

 핵심소리[발음] 연습

우리가 늘상 해왔던 대로 영어를 발음하면 자연스러움이 다소 떨어질 수 있어요. 여기에서는 소리현상 몇 가지를 정리해봤어요. 글로도 설명을 해 놓았지만, 조금 번거롭더라도 mp3 음성강의를 들으며 따라 해보면 훨씬 좋아요!

want to의 빠른 소리: wanna

want to의 소리가 빨라지면 wanna로 바뀐다!
e.g. want to → wanna

전치사 of 앞뒤로 붙여 연음하기

전치사 of[ʌv]에서 [ʌ]는 앞 단어로, [v]는 뒷 단어로 붙여 연음한다!
e.g. in front of us[인 프런터버스]

 핵심어휘소리 연습

정확한 소리도 모른 채 뜻만 달랑 알아가는 단어학습은 반쪽짜리 영어입니다! 정확한 소리를 알아둬야 내가 발음할 때 외국인도 잘 알아듣게 되는 것이지요~ 원어민 소리도 잘 들릴 거구요! 어휘소리를 직접 저와 함께 발음해 보며 전체 문장 발음을 위한 기반을 닦아보시죠!

1. splúrge

[강세] –
발음방법 스펠링은 길지만 1음절짜리 단어이므로 'u'에 단 한 번 힘줘서 발음합니다.

2. clúe

[강세] –
발음방법 혀끝으로 소리를 내면 clue가 되고 혀를 닿지 않게 /r/ 발음을 하면 crew가 됩니다.

3. críspy

[강세] 첫 번째 음절
발음방법 /s/ 다음에 오는 /p/는 된소리이므로 [크리스삐]처럼 발음합니다.

4. smóthered

[강세] 첫 번째 음절
발음방법 여기서 'th'는 유성음 /ð/입니다. 혀끝으로 소리를 내되 유성음으로 발음함에 유의합니다.

5. týpically

[강세] 첫 번째 음절

발음방법 '-cally'는 '끌리'로 발음하면 됩니다. basically, realistically, drastically도 함께 읽어보세요.

6. stéamed

[강세] 첫 번째 음절

발음방법 /s/ 다음에 오는 /t/는 된소리이므로 [스띰드]처럼 발음합니다.

전체 문장 발음/리스닝 실전연습

이제 실전이에요! 앞에서 배운 소리[발음]현상과 어휘소리를 바탕으로 전체 문장이 정확히 어떻게 발음되는지 mp3 음성강의를 통해 함께 연습하시죠!

전체 문장 및 해석	🔊 김일승의 발음 코치
Americans love to splurge when they go out to eat. 미국인들은 그들이 외식할 때 돈을 펑펑 쓰기를 좋아한다.	splurge를 다시 짚어볼까요? 1음절짜리 단어이므로 목소리에 힘은 단 한 번만 들어가야 합니다. 그러기 위해서는 마지막의 '-ge'를 발음할 때 목소리에 힘을 빼야 합니다.
But if you eat out 5 or 6 times a week, you have to make sensible choices or it's hard to keep the weight off. 그러나 당신이 일주일에 5~6회 외식을 한다면, 분별 있는 선택을 해야 한다. 그렇지 않으면 체중을 감량하기 어려워진다.	weight off를 연음해볼까요? [weit ɔf]를 보면 /t/가 모음 사이에 끼어 있습니다. water의 /t/를 굴리듯 weight off도 [웨이러프]처럼 연음하여 읽어봅니다.
Start by looking for clues that foods are high in calories. 그러한 음식들은 열량이 높다는 단서들을 찾는 것으로 시작하라.	start by를 발음할 땐 /s/ 다음에 오는 /t/를 된소리로 발음합니다.
You might want to look for things like crispy, creamy, breaded, smothered... those are not the ones you want to order. 당신은 바삭바삭하고, 크림 많고, 빵가루가 입혀지고, 듬뿍 발라진 것들을 원할 수 있다. 그러한 것들은 당신이 주문하길 원하는 것들이 아니다.	• breaded의 /d/는 모음 사이에 있으므로 부드럽게 굴려서 [브레릳]처럼 읽습니다. • want to는 wanna로 자연스럽게 읽어봅니다.
Do you typically choose those? You want to look for foods that are grilled or steamed instead. 일반적으로 그런 것들을 고르는가? 그 대신에 그릴에 구운, 아니면 찐 음식들을 찾아야 한다.	steamed instead를 연음해볼까요? 일단 steamed와 instead의 /s/ 다음에 오는 /t/는 된소리로 발음합니다. steamed의 /d/를 instead 쪽으로 붙여서 [스띰딘스뗃]처럼 발음합니다.
Try to order first so you'll be less tempted by others' choices, and don't be afraid to ask the server to tailor your meal to make it healthier. 처음으로 주문하려 노력하라. 그래야 다른 사람들의 선택에 의해 덜 유혹당할 것이다. 그리고 서빙하는 사람에게 보다 건강하게 만들기 위해 당신의 식사를 조정하도록 요청하는 것을 두려워 말라.	ask the를 연음해볼까요? /æsk ðə/에서 /s, k, ð/처럼 자음 3개일 경우에 가운데 자음을 탈락시켜 [애스 데]처럼 발음합니다.
Order steamed veggies instead of fries. Always order your salad dressing on the side. And try not to use all of it. 프렌치프라이 대신 찐 야채를 주문하라. 항상 샐러드 드레싱을 곁들여 주문하라. 그리고 그것을 모두 사용하지는 말아라.	instead of fries를 연음해볼까요? 일단 instead의 /d/는 굴려주고, of의 /v/와 fries의 /f/는 같은 성질의 소리이므로 아랫입술을 한 번만 써서 연음합니다. [인스떼러프라이즈]처럼 발음합니다.
Also ask the server to bring a to—go box, so when your meal arrives, you put half of it away, take it home with you. 또한 서빙하는 사람에게 포장해갈 용기를 요청하라. 그래서 식사가 도착할 때 그것의 절반을 치워두고 집에 가져가라.	half of it away를 연음해볼까요? of, it, away 모두 모음으로 열려 있으므로 각각 앞 단어의 끝 자음을 뒤로 붙여 연음합니다. 이때 /t/는 부드럽게 굴려 발음합니다. /hæf ʌv it əwei/ → /hæfʌvi təwei/
Because it's in front of us, we tend to eat it. 그것이 우리들 앞에 있기 때문에, 우리는 그것을 먹는 경향이 있다.	Because it's in front of us를 연음해볼까요? Because it's in은 [비커짓씬]으로, front of us는 [프런터버스]로 발음합니다. /ㅍ/으로 쓰고 있지만 실제는 /f/ 발음인 것 아시죠?

REVIEW

문장 다시 말해보기

- 나는 Joan 대신 Julie를 택했다.
  I chose _____.

- 나는 라테 대신 아메리카노를 마실게요.
  I'll have _____.

- 나는 시간을 낭비하는 대신 많은 책을 읽었다.
  I _____.

기초어순 복습훈련

1. 외식하다
2. 살을 빼다
3. 프렌치프라이 대신

| 정답 | 1. go out to eat / 2. keep the weight off / 3. instead of fries

Day 14

Prevent Hearing Loss
청력손실 예방법은

WARMING UP　전체 문장 의미파악

아래 문장을 가볍게 읽어보며 내용 흐름을 파악해보세요. 시간제한을 두고 읽어야 더욱 집중이 됩니다. 시~작!　

Do you wear ear protection when you mow the lawn, go to a concert, or use a hair dryer?
If not, you may be damaging your hearing.
Research is showing we are showing more and more hearing loss.
And the main reason? Excessive exposure to noise.
Other everyday sounds that can cause hearing damage include the vacuum cleaner.
But there is a way to protect yourself during all of these activities.
Use ear protection like these ear plugs.
And if you're listening to music on an MP3 player, don't crank it up.
If you have it set where someone is sitting next to you and they can hear sound emitting from your ears, that headset... that iPod is set too loud.
And it's not just how loud sounds are, but how long you're exposed.
Loud sounds on a regular basis can lead to permanent hearing loss.
And how do you know if something's too loud?
If you're in an environment where you're about 3 feet away from an individual, and you have to literally raise your voice for that person to hear you, that is already becoming a very loud environment.
When it comes to our hearing, if you abuse it, you lose it.

Part 01   어휘·구문·문장 의미파악

Step 1 핵심어휘 의미
단어가 문장에서 어떻게 쓰이는지를 보기 위한 전 단계입니다. 핵심적인 의미파악을 꼭 해두세요!

- ☑ lawn — 잔디
- ☐ excessive — 과도한
- ☐ exposure — 노출
- ☐ vacuum cleaner — 진공청소기
- ☐ emit — (빛, 소리 등이) 새다
- ☐ permanent — 영구적인
- ☐ literally — 말 그대로
- ☐ abuse — 남용하다

Step 2 핵심구문 의미
스크립트에 들어가기 전에 멋지게 발음해볼 주요 표현을 미리 맛보자구요~

- ☑ go to a concert — 콘서트 보러 가다
- ☐ excessive exposure to noise — 소음에 과도한 노출
- ☐ don't crank it up — 소리를 높이지 마라
- ☐ sound emitting from your ears — 당신의 귀에서 새어 나오는 소리
- ☐ on a regular basis — 주기적으로

> **문장 말해보기 :** on a regular basis 주기적으로
>
> ☝ Try to back up the files *on a regular basis*.
> 그 파일들을 주기적으로 백업하려고 노력하세요.
>
> ✌ Eat vitamin C *on a regular basis*.
> 비타민 C를 주기적으로 섭취하세요.
>
> 👌 The escalator is checked *on a regular basis*.
> 그 에스컬레이터는 주기적으로 점검됩니다.

 영어어순[직독직해] 이해하기

직독직해를 연습해봐요. 우리말과 영어는 어순이 달라서 어순감각을 살리는 훈련을 하지 않으면 영어가 얼른 이해가 되지 않아요. 한 줄씩 소리 내어 읽는 동시에 뜻을 생각하는 연습을 해봐요. 직접 읽고 나면 뒤에 나오는 영어발음 연습도 잘 될 거예요!

Do you wear ear protection /	당신은 귀 보호장비를 착용하는가
when you mow the lawn, go to a concert, or use a hair dryer? //	당신이 잔디를 깎을 때, 콘서트를 갈 때, 아니면 헤어드라이어를 사용할 때?
If not, you may be damaging your hearing. //	만약 그렇지 않다면, 당신은 당신의 청력을 손상시킬 수 있다.
Research is showing /	연구는 보여주고 있다
we are showing more and more hearing loss. //	우리는 더욱 더 많은 청력상실을 보이고 있다는 것을.
And the main reason? //	그리고 주된 이유는?
Excessive exposure to noise. //	소음에 과도한 노출.
Other everyday sounds that can cause hearing damage /	청력 손상을 야기할 수 있는 다른 매일의 소리들은
include the vacuum cleaner. //	진공청소기를 포함한다.
But there is a way to protect yourself /	그러나 당신 스스로를 보호할 하나의 방법이 있다
during all of these activities. //	모든 이러한 활동 중에.
Use ear protection like these ear plugs. //	귀마개 같은 귀 보호장비를 사용하라.
And if you're listening to music on an MP3 player, /	그리고 만약 당신이 MP3 플레이어에서 음악을 듣고 있다면,
don't crank it up. //	소리를 높이지 마라.
If you have it set /	만약 당신이 그것을 세팅을 한다면
where someone is sitting next to you /	누군가가 당신 옆에 앉아 있고

and they can hear sound emitting from your ears, that headset... /	그리고 그들이 당신의 귀에서 새어 나오는 소리를 들을 수 있다면, 그 헤드셋은…
that iPod is set too loud. //	그 아이팟은 너무 크게 세팅되어 있는 것이다.
And it's not just how loud sounds are, /	그리고 단지 얼마나 소리가 큰지가 아닌,
but how long you're exposed. //	당신이 얼마나 노출되었는지가 중요하다.
Loud sounds on a regular basis /	주기적인 큰 소리들은
can lead to permanent hearing loss. //	영구적인 청력손실을 야기할 수 있다.
And how do you know if something's too loud? //	그리고 만약 어떤 것이 너무 소리가 크다면 당신은 어떻게 아는가?
If you're in an environment /	만약 당신이 한 환경에 있다면
where you're about 3 feet away from an individual, /	당신이 한 사람으로부터 약 3피트 떨어져 있는,
and you have to literally raise your voice /	그리고 당신이 말 그대로 당신의 목소리를 올려야 하는
for that person to hear you, /	그 사람이 당신을 듣게 하기 위해.
that is already becoming a very loud environment. //	그것은 이미 매우 시끄러운 환경이 되고 있는 것이다.
When it comes to our hearing, /	우리의 청력으로 말하자면,
if you abuse it, you lose it. //	만약 당신이 그것을 학대한다면, 당신은 그것을 잃는다.

Part 02　소리[발음] 연습

*저자의 음성강의와 함께 학습하세요.

핵심소리[발음] 연습

우리가 늘상 해왔던 대로 영어를 발음하면 자연스러움이 다소 떨어질 수 있어요. 여기에서는 소리현상 몇 가지를 정리해봤어요. 글로도 설명을 해 놓았지만, 조금 번거롭더라도 mp3 음성강의를 들으며 따라 해보면 훨씬 좋아요!

자음 + 모음

모음으로 시작된 단어는 그 앞 단어의 끝 자음을 끌어온다!

e.g. excessive exposure to noise

/s/ 다음에 오는 /t/는 된소리

's' 다음에 오는 't'는 된소리로 발음된다!

e.g. system[씀]

핵심어휘소리 연습

정확한 소리도 모른 채 뜻만 달랑 알아가는 단어학습은 반쪽짜리 영어입니다! 정확한 소리를 알아둬야 내가 발음할 때 외국인도 잘 알아듣게 되는 것이지요~ 원어민 소리도 잘 들릴 거구요! 어휘소리를 직접 저와 함께 발음해 보며 전체 문장 발음을 위한 기반을 닦아보시죠!

1. lawn
[강세] –
발음방법 lawn의 모음은 [ɔ]입니다. 입술을 오므리지 않고 발음하는 모음이므로 loan[loun]과 구별하여 발음합니다.

2. ex-pó-sure
[강세] 두 번째 음절
발음방법 /s/ 다음에 오는 /p/를 된소리로 발음하고 '-sure'의 's'에 해당하는 /ʒ/는 혓바닥이 입천장에 닿지 않게 발음합니다.

3. vá-cuum
[강세] 첫 번째 음절
발음방법 /v/ 발음을 우리말 [ㅂ]으로 발음하지 않도록 합니다.

4. e-mít
[강세] 두 번째 음절
발음방법 발음은 어렵지 않지만, 두 번째 음절에 강세가 있다는 것에 유의합니다.

5. lí-ter-a-lly

[강세] 첫 번째 음절

발음방법 이 단어는 /r/을 우리말 [ㄹ]으로 발음하지 않도록 주의합니다. /liter-/ 먼저 발음한 후 [얼리]를 붙입니다.

6. a-búse

[강세] 두 번째 음절

발음방법 강세가 두 번째 음절에 있다는 것에 유의하여 발음합니다.

전체 문장 발음/리스닝 실전연습

이제 실전이에요! 앞에서 배운 소리[발음]현상과 어휘소리를 바탕으로 전체 문장이 정확히 어떻게 발음되는지 mp3 음성강의를 통해 함께 연습하시죠!

전체 문장 및 해석	🔊 김일승의 발음 코치
Do you wear ear protection when you mow the lawn, go to a concert, or use a hair dryer? If not, you may be damaging your hearing. 당신은 잔디를 깎을 때, 콘서트에 갈 때, 아니면 헤어드라이어를 사용할 때, 귀 보호장비를 착용하는가? 만약 그렇지 않다면, 당신은 당신의 청력을 손상시킬 수 있다.	go to a concert에서 'to'를 발음해봅시다. 모음 사이의 /t/는 부드럽게 굴려줍니다. [고우루어 칸설트] 정도로 읽으면 됩니다.
Research is showing we are showing more and more hearing loss. 연구는 우리가 더욱 더 많은 청력상실을 보이고 있다는 것을 보여주고 있다.	hearing loss를 읽어봅니다. hear-를 먼저 발음해서 혀끝이 아무 데도 닿지 않는 것을 확인한 후 바로 -ing을 갖다 붙여 발음하면 됩니다. [히어링]이 아닙니다.
And the main reason? Excessive exposure to noise. 그리고 주된 이유는? 소음에 과도한 노출.	Excessive exposure to를 연음해볼까요? excessive의 /v/는 뒷단어입니다. to의 /t/는 /r/과 모음 사이에 있으므로 부드럽게 굴려줍니다. 한꺼번에 연음하면 [익세시빅스뿌우져루]가 됩니다.
Other everyday sounds that can cause hearing damage include the vacuum cleaner. 다른 매일의 소리들은 청력 손상을 야기할 수 있는 진공청소기를 포함한다.	vacuum의 스펠링이 독특하다 보니 자기 마음대로 읽는 경우가 있는데, vacuum은 [væ-kyuəm]입니다. [배큐엄] 정도로 읽어보되 실제 제 발음 및 원어민의 발음을 들으면서 따라해 봅시다.
But there is a way to protect yourself during all of these activities. 그러나 모든 이러한 활동 중에 당신 스스로를 보호할 하나의 방법이 있다.	protect yourself를 읽어볼까요? protect의 /t/와 yourself의 /y/가 구개음화되어 [프러텍츄얼셀프]처럼 읽을 수 있습니다.
Use ear protection like these ear plugs. And if you're listening to music on an MP3 player, don't crank it up. 귀마개와 같은 귀 보호장비를 사용하라. 그리고 만약 당신이 MP3 플레이어에서 음악을 듣고 있다면, 소리를 높이지 마라.	• MP3 player 앞에 부정관사가 a가 아니라 왜 an일까요. MP3의 M은 표면상 자음이지만 실제 발음인 [em]을 보면 모음입니다. 그러므로 모음 앞에 관사인 an이 붙는 것입니다. • crank it up은 [크랭끼럽]처럼 연음됩니다.
If you have it set where someone is sitting next to you and they can hear sound emitting from your ears, that headset... that iPod is set too loud. 만약 당신이 누군가가 당신 옆에 앉아 있고 그들이 당신의 귀에서 새어 나오는 소리를 들을 수 있게 세팅을 한다면, 그 헤드셋... 그 아이팟은 너무 크게 세팅되어 있는 것이다.	• next to you를 연음할 땐, next의 끝 /-t/와 to의 첫 /t-/가 같은 소리이므로 자연스럽게 한 번만 발음합니다. • headset은 [헤드셋]이 아니라 [헷-셋]처럼 발음한다는 점에 유의합니다.
And it's not just how loud sounds are, but how long you're exposed. 그리고 단지 얼마나 소리가 큰지가 아닌, 당신이 얼마나 노출되었는지가 중요하다.	exposed를 발음해봅시다. 발음기호는 [ikspouzd]이지만 끝의 [-zd]를 목소리에 힘을 빼면서 발음합니다. 마치 [-st]처럼 발음해보세요!
Loud sounds on a regular basis can lead to permanent hearing loss. 주기적인 큰 소리들은 영구적인 청력손실을 야기할 수 있다.	Loud sounds on a를 연음해봅시다. sounds의 끝소리인 /z/를 뒤로 붙이고 on의 /n/도 뒤로 붙여서 연음하면 [라웃 사운저너]처럼 연음합니다.

And how do you know if something's too loud? If you're in an environment where you're about 3 feet away from an individual, and you have to literally raise your voice for that person to hear you, that is already becoming a very loud environment. 그리고 만약 어떤 것이 너무 소리가 크다면 당신은 어떻게 아는가? 만약 당신이 한 사람으로부터 약 3피트 떨어져 있고, 그리고 당신이 그 사람이 당신을 듣게 하기 위해, 말 그대로 당신의 목소리를 올려야 하는 환경에 있다면, 그것은 이미 매우 시끄러운 환경이 되고 있는 것이다.	3 feet away의 /t/는 모음 사이에 있으므로 [피러웨이]처럼 연음합니다. loud environment의 /d/도 모음 사이에 있으므로 [라우린바이언먼트]처럼 연음합니다.
When it comes to our hearing, if you abuse it, you lose it. 우리의 청력으로 말하자면, 만약 당신이 그것을 학대한다면, 당신은 그것을 잃는다.	abuse it에서 abuse의 끝소리인 /z/를 뒤로 연음하여 /əbyu:z it/ → /əbyu: zit/으로 읽습니다. lose it도 마찬가지로 /lu:z it/ → /lu: zit/으로 발음하면 되겠습니다.

REVIEW

문장 다시 말해보기

① 그 파일들을 주기적으로 백업하려고 노력하세요.
   Try to _____.

② 비타민 C를 주기적으로 섭취하세요.
   Eat _____.

③ 그 에스컬레이터는 주기적으로 점검됩니다.
   The _____.

기초어순 복습훈련

1. 잔디를 깎다
2. 소음에 과도한 노출
3. 당신 스스로를 보호할 하나의 방법
4. 당신 옆에 앉다
5. 주기적인

| 정답 | 1. mow the lawn / 2. exposure to noise / 3. a way to protect yourself / 4. sit next to you / 5. on a regular basis

Day 15

Sleep Apps - A Warning Sign
수면앱 – 경고신호

WARMING UP 전체 문장 의미파악

아래 문장을 가볍게 읽어보며 내용 흐름을 파악해보세요. 시간제한을 두고 읽어야 더욱 집중이 됩니다. 시~작! 01:30

We live in a crazy world.
 When it comes to going to bed, a lot of us are so stressed; we just can't get any shut-eye.
 There are plenty of medications that claim they can help people sleep.
 But some drugs have side effects, so a lot of folks choose to toss and turn until they doze off.
 Introducing sleep apps—applications you can download on your smart phone, or tablets.
 From using soothing sounds that help you relax, to tracking your sleep patterns, these apps claim they can help you get a better night's sleep.
 But do they really help when it comes to your health?
 They are not going to really diagnose anything. And they are certainly not going to treat a patient with any type of sleep disorder.
 Recently the Food and Drug Administration announced they will begin monitoring health apps, to make sure they are safe, and do what they claim.
 Doctors say, even if these programs do cause you to become drowsy, chances are those who download them are having sleep problems that may need to be treated by a physician.
 Because many sleep issues, such as sleep apnea, can lead to serious problems.
 If the person's having an issue with their sleep, that may be one of the reasons that they downloaded the app in the first place.
 And if that is the case certainly seeking medical advice could be beneficial.

Part 01 　 어휘·구문·문장 의미파악

Step 1 　핵심어휘 의미
단어가 문장에서 어떻게 쓰이는지를 보기 위한 전 단계입니다. 핵심적인 의미파악을 꼭 해두세요!

- ☑ shut-eye — 잠(=sleep)
- ☐ side effect — 부작용
- ☐ soothing — 달래는
- ☐ diagnose — 진단하다
- ☐ disorder — 장애
- ☐ recently — 최근에
- ☐ sleep apnea — 수면 무호흡증
- ☐ beneficial — 이로운

Step 2 　핵심구문 의미
스크립트에 들어가기 전에 멋지게 발음해볼 주요 표현을 미리 맛보자구요~

- ☐ can't get any shut-eye — 잠을 잘 수 없다
- ☐ have side effect — 부작용이 있다
- ☐ toss and turn — 잠을 뒤척이다
- ☐ seeking medical advice — 의료조언 구하기

> **문장 말해보기** : when it comes to *sth*   *sth*로 말하자면
>
> ☝ I'm all thumbs *when it comes to* speaking English.
> 영어말하기로 말하자면 나는 재주가 없다.
>
> ✌ Age doesn't matter *when it comes to* studying English.
> 영어공부로 말하자면 나이는 문제가 되지 않는다.
>
> 👌 *When it comes to* knitting, she's second to none.
> 뜨개질로 말하자면, 그녀는 최고이다.

Step 3 영어어순[직독직해] 이해하기

직독직해를 연습해봐요. 우리말과 영어는 어순이 달라서 어순감각을 살리는 훈련을 하지 않으면 영어가 얼른 이해가 되지 않아요. 한 줄씩 소리 내어 읽는 동시에 뜻을 생각하는 연습을 해봐요. 직접 읽고 나면 뒤에 나오는 영어발음 연습도 잘 될 거예요!

We live in a crazy world. //	우리는 정신없는 세상에 산다.
When it comes to going to bed, /	취침을 할 때면,
a lot of us are so stressed; /	우리 모두는 너무 스트레스를 받는다;
we just can't get any shut-eye. //	우리는 잠을 잘 수가 없다.
There are plenty of medications /	많은 약물들이 있다
that claim they can help people sleep. //	사람들이 취침하는 데에 도움을 줄 수 있다고 주장하는.
But some drugs have side effects, /	하지만 몇몇 약물들은 부작용이 있다.
so a lot of folks choose to toss and turn until they doze off. //	그래서 많은 이들은 잠들 때까지 뒤척이는 것을 택한다.
Introducing sleep apps —applications you can download on your smart phone, or tablets. //	수면 앱을 소개합니다 —당신의 스마트폰이나 태블릿에 다운로드 할 수 있는 어플리케이션이다.
From using soothing sounds that help you relax, /	당신을 휴식하게 하는 데 도움을 주는 달래주는 소리 사용에서부터,
to tracking your sleep patterns, /	당신의 수면패턴을 추적하는 것까지,
these apps claim they can help you get a better night's sleep. //	이러한 앱들은 그것들이 당신을 더 나은 수면을 하게 도움을 준다고 주장한다.
But do they really help when it comes to your health? //	하지만 당신의 건강 면에서 그것들이 실제로 도움을 줄까?
They are not going to really diagnose anything. //	그것들은 실제로 어떤 것도 진단해주지 않을 것이다.

And they are certainly not going to treat /	그리고 그것들은 확실히 치료해주지 않을 것이다
a patient with any type of sleep disorder. //	어떤 타입의 수면장애환자도.
Recently the Food and Drug Administration announced /	최근에 미국 식약청은 발표했다
they will begin monitoring health apps, /	그것들이 건강 앱들을 모니터링하기 시작할 것이라고,
to make sure they are safe, and do what they claim. //	안전한지, 그리고 그들이 주장하는 것을 실제로 하는지 확인하기 위해.
Doctors say, even if these programs do cause you to become drowsy, /	의사들은 말한다, 이러한 프로그램들이 당신을 졸리게 한다 할지라도,
chances are those who download them are having sleep problems /	그것들을 다운로드한 이들은 수면 문제들이 있을 가능성이 있다고
that may need to be treated by a physician. //	내과전문의에 의해 치료받을 필요가 있을 수 있는.
Because many sleep issues, such as sleep apnea, /	수면 무호흡증과 같은 많은 수면 문제들이,
can lead to serious problems. //	심각한 문제들을 야기할 수 있기 때문이다.
If the person's having an issue with their sleep, /	수면에 문제가 있다면,
that may be one of the reasons /	이것이 이유들 중 하나일 수 있다
that they downloaded the app in the first place. //	그들이 맨 처음 앱을 다운로드하는.
And if that is the case /	그리고 그런 이유라면
certainly seeking medical advice could be beneficial. //	확실히 의료자문을 구하는 것이 이로울 수 있다.

Part 02　소리[발음] 연습

* 저자의 음성강의와 함께 학습하세요.

 핵심소리[발음] 연습

우리가 늘상 해왔던 대로 영어를 발음하면 자연스러움이 다소 떨어질 수 있어요. 여기에서는 소리현상 몇 가지를 정리해봤어요. 글로도 설명을 해 놓았지만, 조금 번거롭더라도 mp3 음성강의를 들으며 따라 해보면 훨씬 좋아요!

| 부정형 can't는 끊기는 느낌 | can't의 소리는 /t/가 들리느냐 안 들리느냐가 아닌, 끊기는 느낌의 유무로 판단한다!
e.g. we just can't get any shut-eye |

| /-tn-/ 형태일 땐
/t/를 목구멍으로 끊기 | 발음기호의 /-tn-/ 형태일 땐 /n/앞의 /t/를 목구멍으로 끊어서 발음한다!
e.g. certain[sərtn] |

 핵심어휘소리 연습

정확한 소리도 모른 채 뜻만 달랑 알아가는 단어학습은 반쪽짜리 영어입니다! 정확한 소리를 알아둬야 내가 발음할 때 외국인도 잘 알아듣게 되는 것이지요~ 원어민 소리도 잘 들릴 거구요. 어휘소리를 직접 저와 함께 발음해 보며 전체 문장 발음을 위한 기반을 닦아보시죠!

1. shút-eye
[강세] 첫 번째 음절
발음방법 모음 사이의 /t/는 부드럽게 굴려서 [셔라이]처럼 발음합니다.

2. síde effect
[강세] –
발음방법 모음 사이의 /d/는 부드럽게 굴려서 [사이리팩트]처럼 발음합니다.

3. folks
[강세] –
발음방법 여기서 L은 묵음(silent sound)입니다. 따라서 [fouks]로 발음합니다.

4. sóothing
[강세] 첫 번째 음절
발음방법 soothing의 'th'는 유성음 /ð/입니다.

5. diagnóse

[강세] 두 번째 음절

발음방법 /g/를 너무 터뜨려 발음하지 말고 [다이억-노우즈]처럼 발음합니다.

6. récently

[강세] 첫 번째 음절

발음방법 '-ly'앞의 '-t'는 터뜨리지 않고 발음하므로 [뤼슨-리]처럼 소리내봅니다.

7. physícian

[강세] 두 번째 음절

발음방법 physician의 발음기호는 [fiziʃən]인데 /i/에 강세가 없을 때 [으]처럼 약하게 발음될 수 있습니다.

8. advíce

[강세] 두 번째 음절

발음방법 [어드바이스]라고 발음하기 보다는 /d/를 터뜨리지 않고 [앧-바이스]처럼 발음합니다.

Step 3 · 전체 문장 발음/리스닝 실전연습

이제 실전이에요! 앞에서 배운 소리[발음]현상과 어휘소리를 바탕으로 전체 문장이 정확히 어떻게 발음되는지 mp3 음성강의를 통해 함께 연습하시죠!

전체 문장 및 해석	📣 김일승의 발음 코치
We live in a crazy world. When it comes to going to bed, a lot of us are so stressed; we just can't get any shut-eye. 우리는 정신없는 세상에 산다. 취침을 할 때면 우리 모두는 너무 스트레스를 받는다. 잠을 잘 수가 없다.	a lot of us are를 연음해볼까요? 앞 단어의 끝 자음을 뒤로 붙여서 [얼라러버쌔]처럼 발음해봅니다. get any도 붙여서 [게레니]로, shut-eye도 [셔라이]처럼 읽습니다.
There are plenty of medications that claim they can help people sleep. But some drugs have side effects, so a lot of folks choose to toss and turn until they doze off. 사람들이 취침하는 데에 도움을 줄 수 있다고 주장하는 많은 약물들이 있다. 하지만 몇몇 약물들은 부작용이 있어서 많은 이들은 잠들 때까지 뒤척이는 것을 택한다.	a lot of folks를 연음해볼까요? lot의 /t/는 모음 사이에 있으므로 부드럽게 굴려서 연음하고, of의 /v/와 folks의 /f/가 연음되어 아랫입술을 한 번만 터치하여 연음합니다. [얼라러폭스]처럼 발음합니다.
Introducing sleep apps—applications you can download on your smart phone, or tablets. 수면 앱을 소개합니다—당신의 스마트폰이나 태블릿에 다운로드 할 수 있는 어플리케이션이다.	application이란 외국어를 우리도 쓰다 보니 [어플리케이션]이라고 발음하는 사람들이 많습니다. 그러나 원어민의 발음은 [æ-plə-kei-ʃən, 애쁠러케이션]입니다.
From using soothing sounds that help you relax, to tracking your sleep patterns, these apps claim they can help you get a better night's sleep. 당신을 휴식하게 하는 데 도움을 주는 달래주는 소리 사용에서부터 당신의 수면패턴을 추적하는 것까지, 이러한 앱들은 그것들이 당신을 더 나은 수면을 하게 도움을 준다고 주장한다.	get a better night's sleep을 연음해볼까요? get a에서 모음 사이에 있는 /t/를 굴리고, better에서 모음 사이에 있는 /t/를 굴립니다. 그러면 [게러베러]처럼 연음됩니다. night's sleep에서 같은 소리는 한 번만 발음하므로 [나잇슬립]처럼 연음합니다.
But do they really help when it comes to your health? They are not going to really diagnose anything. And they are certainly not going to treat a patient with any type of sleep disorder. 하지만 당신의 건강 면에서 그것들이 실제로 도움을 줄까? 그것들은 실제로 어떤 것도 진단해주지 않을 것이다. 그리고 그것들은 확실히 어떤 타입의 수면장애환자도 치료해주지 않을 것이다.	treat a patient with를 연음해볼까요? treat의 /t/는 모음 사이에 있으므로 부드럽게 굴려 연음하고, patient with에서 /n, t, w/가 자음 3개이므로 가운데 자음인 /t/를 발음하지 않아 [페이션 위드]처럼 연음할 수 있습니다.
Recently the Food and Drug Administration announced they will begin monitoring health apps, to make sure they are safe, and do what they claim. 최근에 미국 식약청은 그것들이 안전한지, 그리고 그들이 주장하는 것을 실제로 하는지 확인하기 위해 건강 앱들을 모니터링하기 시작할 것이라고 발표했다.	announced they에서 announced의 끝의 두 자음과 they의 첫 자음, 즉 /s, t, ð/의 자음 3개 중 가운데 자음인 /t/를 발음하지 않아, 마치 announce they처럼 읽습니다.
Doctors say, even if these programs do cause you to become drowsy, chances are those who download them are having sleep problems that may need to be treated by a physician. 이러한 프로그램들이 당신을 졸리게 한다 할지라도, 그것들을 다운로드한 이들은 내과전문의에 의해 치료받을 필요가 있을 수 있는 수면 문제들이 있을 가능성이 있다고 의사들은 말한다.	Doctors say에서 같은 성질의 소리는 연결되므로 [닥털쎄이]처럼 연음해서 읽습니다. treated by는 [츄리릿 바이]처럼 읽습니다.

Because many sleep issues, such as sleep apnea, can lead to serious problems. If the person's having an issue with their sleep, that may be one of the reasons that they downloaded the app in the first place. And if that is the case certainly seeking medical advice could be beneficial.

면역체계는 영어로 [이뮨 시스뜸]라고 발음함에 유의합니다.

수면 무호흡증과 같은 많은 수면 문제들이 심각한 문제들을 야기할 수 있기 때문이다. 수면에 문제가 있다면, 이것이 그들이 맨 처음 앱을 다운로드하는 이유들 중 하나일 수 있다. 그리고 그런 이유라면 확실히 의료자문을 구하는 것이 이로울 수 있다.

 **REVIEW**

문장 다시 말해보기

① 영어말하기로 말하자면 나는 재주가 없다.
  I'm _____.

② 영어공부로 말하자면 나이는 문제가 되지 않는다.
  Age _____.

③ 뜨개질로 말하자면, 그녀는 최고이다.
  _____, she's _____.

기초어순 복습훈련

1. 사람들이 잠자는 것을 돕다
2. 부작용이 있다
3. 잠을 뒤척이다
4. 심각한 문제들을 야기하다
5. 의료자문을 구하다

| 정답 | 1. help people sleep / 2. have side effect / 3. toss and turn / 4. lead to serious problems / 5. seek medical advice

지금 이 순간 원어민이 쓰고 있는 회화표현

do not mince words
노골적으로 말하다

Emily I feel like you might have a problem with me.
당신이 나에게 무슨 문제가 있는 것처럼 느껴져요.

Sam If you really want to talk about this, I do have a problem.
당신이 이것에 대해 말하길 원한다면, 나에게 문제가 있어요.

I'm **not** going to **mince my words**.
대놓고 말할게요.

· talk about으로 연음 응용연습 해 봅시다:

talk about	talks about	talked about
[tɔk ə-baut]	[tɔks ə-baut]	[tɔkt ə-baut]
[tɔ kə-baut]	[tɔk sə-baut]	[tɔk tə-baut]

Day 16

Conversation: Movie Recommendation
영화를 추천해줘

WARMING UP   전체 문장 의미파악

아래 문장을 가볍게 읽어보며 내용 흐름을 파악해보세요. 시간제한을 두고 읽어야 더욱 집중이 됩니다. 시~작!

Mike: Hey, Jenny, do you have any movie recommendations? My friend and I are planning to watch a movie tonight.
Jenny: What kind of movie do you have in mind?
Mike: Something dramatic and moving would be great. Also, nothing too old; We want to see a movie that has been released this decade.
Jenny: Okay, let me see. Hm... do you want to watch a Korean movie or an American movie?
Mike: Either. We don't care either way as long as there are subtitles!
Jenny: Okay, I have just the movie for you. It's a Korean movie that was released a couple of years ago to critical acclaim. It's called 'A Moment To Remember'.
Mike: Oh, okay. Who directed it?
Jenny: It was directed by a famous director named Lee Jaehan. In fact, I recommend any of his movies.
Mike: Okay, we'll watch that movie tonight. Thanks a lot for the recommendation buddy!
Jenny: No problem. You might want to have some tissues on hand though. It's a real tearjerker.

Part 01   어휘·구문·문장 의미파악

Step 1   핵심어휘 의미
단어가 문장에서 어떻게 쓰이는지를 보기 위한 전 단계입니다. 핵심적인 의미파악을 꼭 해두세요!

- ☑ recommendation — 추천
- ☐ dramatic — 감격적인
- ☐ moving — 가슴 뭉클하게 하는
- ☐ decade — 10년
- ☐ direct — 감독하다
- ☐ tearjerker — 몹시 감상적인 이야기

Step 2   핵심구문 의미
스크립트에 들어가기 전에 멋지게 발음해볼 주요 표현을 미리 맛보자구요~

- ☑ have in mind — 마음에 두고 있다
- ☐ as long as — ~하는 한
- ☐ a couple of years ago — 몇 년 전에
- ☐ to critical acclaim — 비평가의 찬사를 받다

문장 말해보기 : have in mind   염두에 두고 있다, 생각하고 있다

- What did you *have in mind*?
  뭘 염두에 두고 있었던 거야?
- What movie do you *have in mind*?
  무슨 영화를 염두에 두고 있나요?
- What price range do you *have in mind*?
  얼마 정도를 염두에 두고 있나요?

Step 3   영어어순[직독직해] 이해하기

직독직해를 연습해봐요. 우리말과 영어는 어순이 달라서 어순감각을 살리는 훈련을 하지 않으면 영어가 얼른 이해가 되지 않아요. 한 줄씩 소리 내어 읽는 동시에 뜻을 생각하는 연습을 해봐요. 직접 읽고 나면 뒤에 나오는 영어발음 연습도 잘 될 거예요!

Mike: Hey, Jenny, do you have any movie recommendations? My friend and I are planning to watch a movie tonight.	안녕, 제니, 영화 추천할 것 있어? 내 친구와 내가, 오늘 밤 영화를 볼 계획이야.
Jenny: What kind of movie do you have in mind?	어떤 종류의 영화를 마음에 두고 있는거야?
Mike: Something dramatic and moving would be great. Also, nothing too old; We want to see a movie that has been released this decade.	좀 감격적이고 가슴 뭉클한 게 좋겠어. 또한, 너무 오래된 것 말고. 우리는 최근 10년에 개봉된 영화를 보기를 원해.
Jenny: Okay, let me see. Hm... do you want to watch a Korean movie or an American movie?	좋아, 어디보자. 음... 한국영화 아니면 미국영화?
Mike: Either. We don't care either way as long as there are subtitles!	둘 다 상관없어. 자막이 있다면 어느 쪽도 상관없어!
Jenny: Okay, I have just the movie for you. It's a Korean movie that was released a couple of years ago to critical acclaim. It's called 'A Moment To Remember'.	좋아, 너에게 딱 맞는 영화가 있어. 그건 몇 년 전에 개봉된 한국영화인데 비평가들의 찬사를 받은 것이야. 그건 '내 머리 속의 지우개'야.
Mike: Oh, okay. Who directed it?	오, 좋아, 누가 연출한거야?
Jenny: It was directed by a famous director named Lee Jaehan. In fact, I recommend any of his movies.	이재한이라고 하는 유명한 감독에 의해서 연출되었어. 사실, 나는 그의 어떤 영화도 다 추천해.
Mike: Okay, we'll watch that movie tonight. Thanks a lot for the recommendation buddy!	좋아, 그 영화 오늘 밤에 볼게. 추천 고마워 친구!
Jenny: No problem. You might want to have some tissues on hand though. It's a real tearjerker.	별말씀을. 손에 휴지 준비해야 할거야. 눈물샘을 자극하거든.

Part 02 소리[발음] 연습

*저자의 음성강의와 함께 학습하세요.

핵심소리[발음] 연습
우리가 늘상 해왔던 대로 영어를 발음하면 자연스러움이 다소 떨어질 수 있어요. 여기에서는 소리현상 몇 가지를 정리해봤어요. 글로도 설명을 해 놓았지만, 조금 번거롭더라도 mp3 음성강의를 들으며 따라 해보면 훨씬 좋아요!

'-tion'으로 끝나는 단어의 강세위치

명사형 접미사 '-tion'으로 끝나는 단어는 항상 바로 앞에 강세가 온다!
e.g. conversation, recommendation

입술을 오므리지 않으며 발음하는 'to-'

스펠링이 'to-'이다 보니 [투]처럼 발음하지만, 실제 발음기호가 [tə]인 단어가 있다!
e.g. today, together, tonight

핵심어휘소리 연습
정확한 소리도 모른 채 뜻만 달랑 알아가는 단어학습은 반쪽짜리 영어입니다! 정확한 소리를 알아둬야 내가 발음할 때 외국인도 잘 알아듣게 되는 것이지요~ 원어민 소리도 잘 들릴 거구요! 어휘소리를 직접 저와 함께 발음해 보며 전체 문장 발음을 위한 기반을 닦아보시죠!

1. re-com-men-dá-tion

[강세] 네 번째 음절
발음방법 '-tion'으로 끝나는 단어는 그 바로 앞 음절에 강세가 옵니다.

2. dra-má-tic

[강세] 두 번째 음절
발음방법 /d/와 /r/이 만나면 /dʒr-, 쥬-/처럼 발음할 수 있습니다. [쥬러매릭]처럼 읽어봅니다.

3. mó-ving

[강세] 첫 번째 음절
발음방법 /v/ 발음을 간과하지 말고, 윗니+아랫입술 사용해서 발음하도록 합니다.

4. dé-cade

[강세] 첫 번째 음절
발음방법 이 단어를 [디케이드]라고 잘못 발음하는 사람들이 꽤 있습니다. [dekeid, 데케이드]이고, 강세도 첫 번째 음절에 있다는 것을 잊지 마세요.

5. di-réct

[강세] 두 번째 음절

발음방법 강세 앞의 /r/은 입술을 오므렸다가 펼치면서 발음하므로 [디뤡트]라고 읽습니다.

6. téar-jer-ker

[강세] 첫 번째 음절

발음방법 한 단어 안에 /r/이 한 개든, 두 개든, 세 개든 반드시 놓치지 않고 꼼꼼히 발음하도록 합니다.

Step 3 전체 문장 발음/리스닝 실전연습

이제 실전이에요! 앞에서 배운 소리[발음]현상과 어휘소리를 바탕으로 전체 문장이 정확히 어떻게 발음되는지 mp3 음성강의를 통해 함께 연습하시죠!

전체 문장 및 해석	김일승의 발음 코치
Hey, Jenny, do you have any movie recommendations? My friend and I are planning to watch a movie tonight. 안녕, 제니. 영화 추천할 것 있어? 내 친구와 내가 오늘 밤 영화를 볼 계획이야.	〈핵심소리[발음] 연습〉에서 언급한 내용이 모두 나와 있는 문장입니다. '-tion'으로 끝나는 단어는 항상 그 바로 앞이 강세이므로 recommendation은 '-da-'에 강세를 두고 읽고, tonight에서 'to-'에 해당하는 발음기호는 [tə-]이므로 [투나잇]이 아닌 [트나잇] 정도로 발음하기 바랍니다.
What kind of movie do you have in mind? 어떤 종류의 영화를 마음에 두고 있는 거야?	kind of를 연음해볼까요? kind of가 빨라지면 kinda이고 발음은 [카이나]입니다.
Something dramatic and moving would be great. Also, nothing too old; We want to see a movie that has been released this decade. 좀 감격적이고 가슴 뭉클한 게 좋겠어. 또한, 너무 오래된 것 말고, 우리는 최근 10년에 개봉된 영화를 보기를 원해.	released this를 연음해볼까요? 발음기호는 [rili:st ðis]인데 /s, t, ð/을 보면 자음이 3개입니다. 자음이 3개일 땐 가운데 자음을 탈락시켜 연음할 수 있으므로 [rili:s ðis, 륄리스 디스]처럼 발음합니다.
Okay, let me see. Hm... do you want to watch a Korean movie or an American movie? 좋아, 어디보자. 음.. 한국영화 아니면 미국영화?	movie의 발음을 방심해선 안 됩니다. [무비]가 아니라 movie입니다. /v/ 발음을 놓치지 말자구요!
Either. We don't care either way as long as there are subtitles! 둘 다 상관없어. 자막이 있다면 어느 쪽도 상관없어!	자막(subtitle)을 우리는 [서브타이틀]이라고 하지만 실제 발음은 [섭-타이를]입니다.
Okay, I have just the movie for you. It's a Korean movie that was released a couple of years ago to critical acclaim. It's called 'A Moment To Remember'. 좋아, 너에게 딱 맞는 영화가 있어. 그건 몇 년 전에 개봉된 한국영화인데 비평가들의 찬사를 받은 거야. 그건 '내 머리 속의 지우개'야.	released a를 연음해볼까요? [rili:st ə]인데, 'a'의 바로 앞 단어의 끝 자음인 /t/를 뒤로 붙여서 [rili:s tə, 륄리스 떠]처럼 발음이 가능합니다.
Oh, okay. Who directed it? 오, 좋아. 누가 연출 한거야?	directed it을 연음해볼까요? 발음기호는 [direktid it]인데, 모음 사이의 /d/를 부드럽게 굴릴 수 있으므로 [디렉띠릿]처럼 발음합니다.
It was directed by a famous director named Lee Jaehan. In fact, I recommend any of his movies. 이재한이라고 하는 유명한 감독에 의해서 연출되었어. 사실, 나는 그의 어떤 영화도 다 추천해.	directed by를 연음해볼까요? ① 일단 directed[디렉띳]까지 발음합니다. ② 0.2초 쉽니다. ③ by[바이] 발음으로 마무리합니다. [디렉티드 바이]가 아니라는 것을 명심하세요!
Okay, we'll watch that movie tonight. Thanks a lot for the recommendation buddy! 좋아, 그 영화 오늘 밤에 볼게. 추천 고마워 친구!	tonight의 발음기호는 [tə-nait]입니다. 스펠링 'to-'는 [투]가 아닌 [트] 정도의 발음이 더 낫습니다!
No problem. You might want to have some tissues on hand though. It's a real tearjerker. 별말씀을. 손에 휴지 준비해야 할거야. 눈물샘을 자극하거든.	want to가 빨라지면 wanna로 발음이 가능합니다.

REVIEW

문장 다시 말해보기

① 뭘 염두에 두고 있었던 거야?
   What _____?

② 무슨 영화를 염두에 두고 있나요?
   What _____?

③ 얼마 정도를 염두에 두고 있나요?
   What _____?

기초어순 복습훈련

1. 자막들이 있는 한
2. 손에 약간의 휴지를 가지다
3. 진짜 감성적인 이야기

| 정답 | 1. as long as there are subtitles / 2. have some tissues on hand / 3. a real tearjerker

Day 17

Fewer Grains of Salt
소금은 보다 적게

WARMING UP 전체 문장 의미파악

아래 문장을 가볍게 읽어보며 내용 흐름을 파악해보세요. 시간제한을 두고 읽어야 더욱 집중이 됩니다. 시~작!   01:30

"Shake it! And pour it!".
　Americans use too much salt.
　Although sodium plays an important role in regulating body fluids and blood pressure, health experts say we consume 50% more sodium than we should.
　Doctors say all that salt can cause water retention that leads to high blood pressure, heart problems, and strokes.
　How much is enough?
　Well, the American Heart Association recommends most people limit sodium intake to no more than 1,500mg of sodium per day.
　So watch what you eat because salt is in everything especially processed foods like lunch meats and even those diet TV dinners.
　Best thing to do? Watch your labels, and count your salt milligrams.
　That's why it's important to talk to your doctor about your salt intake.

Part 01 어휘·구문·문장 의미파악

Step 1 핵심어휘 의미
단어가 문장에서 어떻게 쓰이는지를 보기 위한 전 단계입니다. 핵심적인 의미파악을 꼭 해두세요!

- ☑ sodium — 나트륨
- ☐ regulate — 조절하다
- ☐ body fluid — 체액
- ☐ retention — 정체, 잔류
- ☐ stroke — 뇌졸중
- ☐ intake — 섭취

Step 2 핵심구문 의미
스크립트에 들어가기 전에 멋지게 발음해볼 주요 표현을 미리 맛보자구요~

- ☑ play a role — 한 몫을 하다
- ☐ water retention — 수분 정체
- ☐ sodium intake — 나트륨 섭취
- ☐ processed food — 가공식품
- ☐ TV dinner — TV 디너 (데우기만 하면 한 끼 식사로 먹을 수 있게 조리한 후 포장해서 파는 식품)

> **문장 말해보기** : play a role in sth   sth에 역할을 하다
>
> - Firefighters *play a* big *role in* our society.
>   소방관들은 우리 사회에서 큰 역할을 한다.
> - The president *played a* major *role in* unifying the country.
>   그 대통령은 국가를 통합하는 데 주요한 역할을 했다.
> - The 2018 Pyeongchang Winter Olympics will *play a* pivotal *role in* bringing peace to the Korean peninsula.
>   2018 평창동계올림픽은 한반도에 평화를 가져오는 데 중추적인 역할을 할 것이다.

영어어순[직독직해] 이해하기

직독직해를 연습해봐요. 우리말과 영어는 어순이 달라서 어순감각을 살리는 훈련을 하지 않으면 영어가 얼른 이해가 되지 않아요. 한 줄씩 소리 내어 읽는 동시에 뜻을 생각하는 연습을 해봐요. 직접 읽고 나면 뒤에 나오는 영어발음 연습도 잘 될 거예요!

"Shake it! And pour it!". //	"흔들어라! 부어라!"
Americans use too much salt. //	미국인들은 너무 많은 소금을 사용한다.
Although sodium plays an important role /	비록 나트륨이 중요한 역할을 하지만
in regulating body fluids and blood pressure, /	체액과 혈압을 조절하는 데.
health experts say /	건강 전문가들은 말한다
we consume 50% more sodium than we should. //	우리가 소비해야 할 것보다 50% 더 많은 나트륨을 소비한다고.
Doctors say /	의사들은 말한다
all that salt can cause water retention /	소금은 수분정체를 야기할 수 있다고
that leads to high blood pressure, heart problems, and strokes. //	고혈압, 심장질환, 뇌졸중을 유도하는.
How much is enough? //	얼마만큼이 충분한가?
Well, the American Heart Association recommends /	미국 심장협회에서는 추천한다
most people limit sodium intake /	대부분의 사람들이 나트륨 섭취량을 제한하기를
to no more than 1,500mg of sodium per day. //	매일 1,500mg 이내로.
So watch what you eat /	당신이 먹는 것을 주시하라
because salt is in everything /	소금은 모든 것에 들어있기 때문에

especially processed foods like lunch meats and even those diet TV dinners. //

Best thing to do? //

Watch your labels, and count your salt milligrams. //

That's why it's important to talk to your doctor about your salt intake. //

특히 런치미트와 같은 가공식품과 심지어 TV 디너 같은.

가장 좋은 방법?

라벨을 확인하고, 소금 밀리그램을 세어라.

그것이 의사에게 소금 섭취량을 이야기해야 하는 중요한 이유이다.

Part 02　소리[발음] 연습

* 저자의 음성강의와 함께 학습하세요.

핵심소리[발음] 연습

우리가 늘상 해왔던 대로 영어를 발음하면 자연스러움이 다소 떨어질 수 있어요. 여기에서는 소리현상 몇 가지를 정리해봤어요. 글로도 설명을 해 놓았지만, 조금 번거롭더라도 mp3 음성강의를 들으며 따라 해보면 훨씬 좋아요!

자음 앞의 파열음은 파열되지 않음

자음(/p/) 앞의 파열음(/d/)은 터뜨리지 않고 참는다!
e.g. blood pressure

모음 앞의 /r/은 입술 둥글게

모음 앞의 /r/은 입술을 둥글게 오므렸다가 펼치며 발음한다!
e.g. regulate, retention, role

핵심어휘소리 연습

정확한 소리도 모른 채 뜻만 달랑 알아가는 단어학습은 반쪽짜리 영어입니다! 정확한 소리를 알아둬야 내가 발음할 때 외국인도 잘 알아듣게 되는 것이지요~ 원어민 소리도 잘 들릴 거고요. 어휘소리를 직접 저와 함께 발음해 보며 전체 문장 발음을 위한 기반을 닦아보시죠!

1. pour
[강세] –
발음방법 [푸어]라고 많이들 발음하는 이 단어의 실제 발음은 [포얼]임에 유의합니다.

2. só-dium
[강세] 첫 번째 음절
발음방법 모음 사이의 /d/를 굴려주므로 [소우리엄]처럼 발음합니다.

3. im-pór-tant
[강세] 두 번째 음절
발음방법 발음기호가 /-tn-/형태일 때 이 /t/를 톡 끊어 [임포얼-은]처럼 발음할 수 있습니다.

4. ín-take
[강세] 첫 번째 음절
발음방법 강세가 두 번째 음절이 아니라는 점을 꼭 주의하여 발음합니다.

5. lá-bel
[강세] 첫 번째 음절
발음방법 [라벨]이라고 많이들 발음하는 이 단어의 실제 발음은 [레이블]입니다.

Step 3 전체 문장 발음/리스닝 실전연습

이제 실전이에요! 앞에서 배운 소리[발음]현상과 어휘소리를 바탕으로 전체 문장이 정확히 어떻게 발음되는지 mp3 음성강의를 통해 함께 연습하시죠!

전체 문장 및 해석	🔊 김일승의 발음 코치
"Shake it! And pour it!". Americans use too much salt. "흔들어라! 부어라!" 미국인들은 너무 많은 소금을 사용한다.	Shake it and을 연음해볼까요? shake의 'k'를 연음하고 it의 't'는 모음 사이에 있으므로 굴려서 [쉐이끼랜]처럼 발음해봅니다.
Although sodium plays an important role in regulating body fluids and blood pressure, health experts say we consume 50% more sodium than we should. 비록 나트륨이 체액과 혈압을 조절하는 데 중요한 역할을 하지만, 건강 전문가들은 우리가 소비해야 할 것보다 50% 더 많은 나트륨을 소비한다고 말한다.	health experts say를 연음해볼까요? health의 'th'를 뒤쪽으로 연음하고 experts의 's'와 say의 's'는 같은 성질의 소리이므로 자연스럽게 연결하면 /heleeksparts sei/ → /hel eekspart sei/라고 발음됩니다.
Doctors say all that salt can cause water retention that leads to high blood pressure, heart problems, and strokes. 의사들은 소금이 고혈압, 심장질환, 뇌졸중을 유도하는 수분정체를 야기할 수 있다고 말한다.	Doctors say를 연음해볼까요? 같은 성질의 소리를 자연스럽게 연결하여 [닥떨쎄이]처럼 발음합니다.
How much is enough? Well, the American Heart Association recommends most people limit sodium intake to no more than 1,500mg of sodium per day. 얼마만큼이 충분한가? 미국 심장협회에서는 대부분의 사람들이 나트륨 섭취량을 매일 1,500mg 이내로 제한하기를 추천한다.	much is enough를 연음해볼까요? 앞 단어의 끝 자음만 연음하면 /mʌtʃiz inʌf/ → /mʌtʃi zinʌf/ [머취지너프]처럼 발음됩니다.
So watch what you eat because salt is in everything especially processed foods like lunch meats and even those diet TV dinners. 소금은 특히 런치미트 같은 가공식품과 심지어 TV 디너 같은 모든 것에 들어있기 때문에 당신이 먹는 것을 주시하라.	processed foods를 연음해볼까요? 자음 3개의 연속일 땐 가운데 자음을 탈락시켜 /praset fu:d/ → /prases fu:d/라고 발음하면 됩니다.
Best thing to do? Watch your labels, and count your salt milligrams. 가장 좋은 방법? 라벨을 확인하고, 소금 밀리그램을 세어라.	Best thing을 연음해볼까요? 여러 번 언급했지만, 자음 셋의 연속일 땐 가운데 자음을 탈락시켜 /best eiŋ/ → /bes eiŋ/라고 발음합니다.
That's why it's important to talk to your doctor about your salt intake. 그것이 의사에게 소금 섭취량을 이야기해야 하는 중요한 이유이다.	about your를 연음해볼까요? /t/+/y/=/tʃ/로 구개음화될 수 있으므로 [아비우츄얼]로 발음합니다.

REVIEW

문장 다시 말해보기

- 소방관들은 우리 사회에서 큰 역할을 한다.
  Firefighters _____.

- 그 대통령이 국가를 통합하는 데 주요한 역할을 했다.
  The president _____.

- 2018 평창동계올림픽은 한반도에 평화를 가져오는 데 중추적인 역할을 할 것이다.
  The 2018 _____.

기초어순 복습훈련

1. 혈압을 조절하다
2. 나트륨 섭취를 제한하다
3. 1,500mg을 넘지 않게

| 정답 | 1. regulate blood pressure / 2. limit sodium intake / 3. no more than 1,500mg

Day 18

Don't Walk and Text
걸으면서 문자질 하지 말 것

WARMING UP   전체 문장 의미파악

아래 문장을 가볍게 읽어보며 내용 흐름을 파악해보세요. 시간제한을 두고 읽어야 더욱 집중이 됩니다. 시~작!    01:30

Texting and walking. A lot of us do both.
But what happens when we do them together?
"The gentleman right here almost got hit by a car because he was texting on his phone."
According to a new nationwide study from Ohio State University, more than 1,500 pedestrians were estimated to be treated in emergency rooms in 2010 for injuries related to using a cell phone while walking.
Professor Jack Nasar is a co-author of the study: "And in the last year, it actually exceeded the injury rate for people who are driving and texting or talking on cell phones."
Just how dangerous can texting and walking be? Take these people for example:
One woman falls right into a fountain, while another stumbles into a sink hole.
Others have reported dislocated shoulders, broken bones, concussions and perhaps even worse.
The best thing to do? The study's authors say move to the side and stop walking while you answer a text.

Part 01 　　　　　　　　　　　어휘·구문·문장 의미파악

핵심어휘 의미
단어가 문장에서 어떻게 쓰이는지를 보기 위한 전 단계입니다. 핵심적인 의미파악을 꼭 해두세요!

- ☑ Ohio — 오하이오 주
- ☐ pedestrian — 보행자
- ☐ estimate — 추정하다
- ☐ co-author — 공동저자
- ☐ exceed — 넘어서다
- ☐ fountain — 분수
- ☐ stumble — 발을 헛디디다
- ☐ concussion — 뇌진탕

핵심구문 의미
스크립트에 들어가기 전에 멋지게 발음해볼 주요 표현을 미리 맛보자구요~

- ☑ almost got hit by a car — 차에 거의 치일 뻔하다
- ☐ fall right into the fountain — 분수로 곧바로 넘어지다
- ☐ stumble into the sink hole — 싱크홀로 발을 헛디디다
- ☐ dislocated shoulder — 어깨 탈골
- ☐ move to the side — 가장자리로 이동하다

> **문장 말해보기 : exceed** (특정한 수, 양, 한도를) 넘어서다
>
> 👍 The manager *exceeded* his authority.
> 그 매니저는 그의 권한을 넘어섰다.
>
> ✌️ The number will *exceed* 200.
> 그 수는 200을 넘어설 것이다.
>
> 👌 The password cannot *exceed* 8 letters.
> 그 패스워드는 8글자를 넘을 수 없다.

Step 3 영어어순[직독직해] 이해하기

직독직해를 연습해봐요. 우리말과 영어는 어순이 달라서 어순감각을 살리는 훈련을 하지 않으면 영어가 얼른 이해가 되지 않아요. 한 줄씩 소리 내어 읽는 동시에 뜻을 생각하는 연습을 해봐요. 직접 읽고 나면 뒤에 나오는 영어발음 연습도 잘 될 거예요!

Texting and walking. A lot of us do both. //	문자하면서 걷기. 우리 중 많은 이들이 둘 다 한다.
But what happens when we do them together? //	그러나 우리가 그것들을 함께 했을 때 어떤 일이 일어나는가?
"The gentleman right here almost got hit by a car /	"바로 여기서 그 신사가 거의 차에 치일 뻔 했어요
because he was texting on his phone." //	휴대전화로 문자를 하고 있었기 때문에."
According to a new nationwide study from Ohio State University, /	오하이오주립대학교로부터 전국에 걸친 한 새로운 연구에 따르면,
more than 1,500 pedestrians were estimated /	1,500명 이상의 보행자들이 추정된다
to be treated in emergency rooms in 2010 /	2010년에 응급실에서 치료받은 것으로
for injuries related to using a cell phone while walking. //	걷는 동안 휴대전화를 사용하는 것과 관련된 부상으로 인해.
Professor Jack Nasar is a co-author of the study: /	잭 나사르 교수는 그 연구의 공동저자이다:
"And in the last year, /	"그리고 지난해엔,
it actually exceeded the injury rate for people /	사람들의 부상률을 넘어섰습니다
who are driving and texting or talking on cell phones." //	운전하며 문자하거나 휴대전화로 통화하는."
Just how dangerous can texting and walking be? //	문자하며 걷기가 얼마나 위험할 수 있을까?
Take these people for example: /	다음과 같은 사람들로 예를 들어보면:

One woman falls right into a fountain, /

while another stumbles into a sink hole. //

Others have reported dislocated shoulders, broken bones, concussions and perhaps even worse. //

The best thing to do? //

The study's authors say move to the side and stop walking /

while you answer a text. //

한 여성은 분수대 안으로 넘어지는가 하면,

다른 이는 싱크홀 안으로 발을 헛디딘다.

다른 이들은 어깨 탈골, 골절, 뇌진탕, 그리고 아마 더욱 심한 것까지 보고된 바 있다.

가장 좋은 것은?

가장자리로 이동하고 걸음을 멈추어라

문자에 답할 때엔.

Part 02 소리[발음] 연습

* 저자의 음성강의와 함께 학습하세요.

핵심소리[발음] 연습

우리가 늘상 해왔던 대로 영어를 발음하면 자연스러움이 다소 떨어질 수 있어요. 여기에서는 소리현상 몇 가지를 정리해봤어요. 글로도 설명을 해 놓았지만, 조금 번거롭더라도 mp3 음성강의를 들으며 따라 해보면 훨씬 좋아요!

모음 앞의 전치사 'of'

모음 앞에 'of'가 있을 땐 그 앞, 뒤 단어 모두에 영향을 미친다!
e.g. a lot of us

발음기호 /ɔ/ 발음하기

/ɔ/는 반드시 입술을 모으지 않고 발음한다!
e.g. falls right into the fountain

핵심어휘소리 연습

정확한 소리도 모른 채 뜻만 달랑 알아가는 단어학습은 반쪽짜리 영어입니다! 정확한 소리를 알아둬야 내가 발음할 때 외국인도 잘 알아듣게 되는 것이지요~ 원어민 소리도 잘 들릴 거구요! 어휘소리를 직접 저와 함께 발음해 보며 전체 문장 발음을 위한 기반을 닦아보시죠!

1. O-hí-o
[강세] 두 번째 음절
발음방법 [오-하이-오]가 아니라 [ou-hai-ou, 오우-하이-오우]라고 발음합니다.

2. pe-dé-strian
[강세] 두 번째 음절
발음방법 [페데스트리언]보다 [퍼데스츄리언]처럼 발음하도록 합니다.

3. é-sti-mate
[강세] 첫 번째 음절
발음방법 이 단어는 동사로도 쓰이고 명사로도 쓰이는데, 동사일 땐 [estəmeit]이지만 명사(추정치, 견적)일 땐 [estəmət]입니다. 여기서는 동사로 쓰였으니 [estəmeit, 에스떠메잇]으로 발음합니다.

4. co-áuthor
[강세] 두 번째 음절
발음방법 여기서의 'th' 발음은 무성음[θ]입니다.

5. excéed
[강세] 두 번째 음절
발음방법 'ex-'로 시작되는 단어들의 발음은 매우 불규칙적이니 일일이 발음을 익혀야 합니다. 이 단어는 [ik-, 익-]으로 발음됩니다.

6. fóuntain
[강세] 첫 번째 음절
발음방법 [파운튼]으로 발음할 수 있지만 원어민에 따라[파운-은]처럼 발음하는 원어민도 적지 않습니다.

7. stúmble
[강세] 첫 번째 음절
발음방법 /s/ 다음에 오는 /t/는 된소리로 발음하므로 [스떰블]로 발음합니다.

8. dislócated shoulder
[강세] 두 번째 음절
발음방법 dislocated[디스로우케이릿]까지 하고 쉬었다가 shoulder 발음으로 마무리합니다.

9. concússion
[강세] 두 번째 음절
발음방법 [컨쿠션]이 아니라 [컨커션]입니다! 쿠션은 방석입니다~

Step 3 전체 문장 발음/리스닝 실전연습

이제 실전이에요! 앞에서 배운 소리[발음]현상과 어휘소리를 바탕으로 전체 문장이 정확히 어떻게 발음되는지 mp3 음성강의를 통해 함께 연습하시죠!

전체 문장 및 해석	김일승의 발음 코치
Texting and walking. A lot of us do both. 문자하면서 걷기. 우리 중 많은 이들이 둘 다 한다.	A lot of us를 연음해볼까요? lot의 /t/를 굴려 연음하고 of의 /v/를 us 쪽으로 연음 하면 [얼라러버스]처럼 발음됩니다.
But what happens when we do them together? 그러나 우리가 그것들을 함께 했을 때 어떤 일이 일어나는가?	together의 'to-'를 발음할 땐 [투게더]처럼 입술을 오므리지 말고 [트게더]처럼 입술에 힘을 뺍니다.
"The gentleman right here almost got hit by a car because he was texting on his phone." "바로 여기서 그 신사가 휴대전화로 문자를 하고 있었기 때문에 거의 차에 치일 뻔 했어요."	almost got을 간단히 연음합니다. 자음 3개가 오면 가운데 자음을 탈락시켜 연음하므로 /ɔlmoust gat/ → /ɔlmous gat/로 발음합니다.
According to a new nationwide study from Ohio State University, more than 1,500 pedestrians were estimated to be treated in emergency rooms in 2010 for injuries related to using a cell phone while walking. 오하이오주립대학교로부터 전국에 걸친 한 새로운 연구에 따르면, 1,500명 이상의 보행자들이 걷는 동안 휴대전화를 사용하는 것과 관련된 부상으로 인해 2010년에 응급실에서 치료받은 것으로 추정된다.	1,500을 발음할 땐 두 가지 방법이 있습니다. ① '천'을 먼저 읽어서 one thousand five hundred로 읽거나, ② '15'를 먼저 읽어서 fifteen hundred로 읽으면 됩니다.
Professor Jack Nasar is a co-author of the study: "And in the last year, it actually exceeded the injury rate for people who are driving and texting or talking on cell phones." 잭 나사르 교수는 그 연구의 공동저자이다: "그리고 지난해엔, 운전하며 문자하거나 휴대전화로 통화하는 사람들의 부상률을 넘어섰습니다."	last year은 구개음화 현상을 적용시켜 읽어보면 /læst yiər/ → /læs tʃiər/[래스취얼]로 발음합니다.
Just how dangerous can texting and walking be? Take these people for example: One woman falls right into a fountain, while another stumbles into a sink hole. 문자하며 걷기가 얼마나 위험할 수 있을까? 다음과 같은 사람들로 예를 들어보면: 한 여성은 분수대 안으로 넘어지는가 하면, 다른 이는 싱크홀 안으로 발을 헛디뎠다.	hole을 발음할 땐 확실히 입술을 오므려서 /houl/로 발음해야 합니다. 그렇지 않으면 hall /hɔl/[허얼]처럼 들릴 수 있습니다.
Others have reported dislocated shoulders, broken bones, concussions and perhaps even worse. 다른 이들은 어깨 탈골, 골절, 뇌진탕, 그리고 아마 더욱 심한 것까지 보고된 바 있다.	여기선 0.1초 쉬어서 발음해야 하는 부분이 두 군데 있습니다. reported[뤼포릿] (0.1초 쉬고) dislocated[디스로케이릿] (0.1초 쉬고) shoulder[쇼울더]로 마무리합니다.
The best thing to do? The study's authors say move to the side and stop walking while you answer a text. 가장 좋은 것은? 가장자리로 이동하고 문자에 답할 땐 걸음을 멈추어라.	best thing을 연음해볼까요? 자음 3개의 연속이면 가운데 자음을 탈락시켜 연음할 수 있으므로 /best θiŋ/ → /bes θiŋ/으로 발음됩니다.

REVIEW

문장 다시 말해보기

✌️ 그 매니저는 그의 권한을 넘어섰다.
The manager _____.

✌️ 그 수는 200을 넘어설 것이다.
The number _____.

✋ 그 패스워드는 8글자를 넘을 수 없다.
The password _____.

기초어순 복습훈련

1. 휴대전화 사용과 관련된 🎤 _____
2. 그것들을 함께 하다 🎤 _____
3. 응급실에서 치료받다 🎤 _____

| 정답 | 1. related to using a cell phone / 2. do them together / 3. be treated in an emergency room

Day 19

Avoid the 5 Food Felons
5가지 음식계의 흉악범을 피하라

WARMING UP — 전체 문장 의미파악

아래 문장을 가볍게 읽어보며 내용 흐름을 파악해보세요. 시간제한을 두고 읽어야 더욱 집중이 됩니다. 시~작! 01:30

When it comes to eating, there are good guys and bad guys. So, take this advice.
"ONE is eat the right portion size, TWO is eat a variety of foods, and THREE is avoid the 5 food felons."
Never heard of the 5 food felons?
Well, first on the list is saturated fat which you find in things like fatty meats and foods containing palm or coconut oil.
"The second one is avoid trans fat, it's a poison."
Trans fats not only raise our bad cholesterol, but they lower our good.
You find them in some margarines and in commercially baked goods such as cookies and cakes.
The other 3 food felons all have something in common.
"You want to avoid simple sugars, added syrups, and any grain that isn't 100% whole grain."
The best way to put the cuff on the 5 food felons is to go for the good guys: Fruits, vegetables, whole grains, and low-fat proteins.

Part 01　　　　　어휘·구문·문장 의미파악

Step 1　핵심어휘 의미
단어가 문장에서 어떻게 쓰이는지를 보기 위한 전 단계입니다. 핵심적인 의미파악을 꼭 해두세요!

- ☑ portion size — 섭취분량
- ☐ felon — 흉악범
- ☐ saturated fat — 포화지방
- ☐ whole grain — 통곡물
- ☐ protein — 단백질

Step 2　핵심구문 의미
스크립트에 들어가기 전에 멋지게 발음해볼 주요 표현을 미리 맛보자구요~

- ☑ when it comes to eating — 먹는 것으로 말하자면
- ☐ commercially baked goods — 상업용으로 구운 빵류
- ☐ have something in common — 어떤 공통점이 있다
- ☐ simple sugars — 단당류
- ☐ low-fat protein — 저지방 단백질

문장 말해보기 : have ~ in common　　어떤 공통점이 있다

☝ What do we *have in common*?
　우리는 무슨 공통점이 있는가?

✌ We *have* something *in common*.
　우리에겐 어떤 공통점이 있다.

🖖 We *have* nothing *in common*.
　우리에겐 공통점이 전혀 없다.

155

영어어순[직독직해] 이해하기

직독직해를 연습해봐요. 우리말과 영어는 어순이 달라서 어순감각을 살리는 훈련을 하지 않으면 영어가 얼른 이해가 되지 않아요. 한 줄씩 소리 내어 읽는 동시에 뜻을 생각하는 연습을 해봐요. 직접 읽고 나면 뒤에 나오는 영어발음 연습도 잘 될 거예요!

When it comes to eating, /	먹는 것의 면에서 보면,
there are good guys and bad guys. //	좋은 것들이 있고 나쁜 것들이 있다.
So, take this advice. //	그래서, 이 조언을 받아들이자.
"ONE is eat the right portion size, /	"하나는, 올바른 섭취분량을 먹는 것이고,
TWO is eat a variety of foods, /	둘은 다양한 음식을 먹는 것이며,
and THREE is avoid the 5 food felons." //	셋은 5가지 음식 흉악범을 피하는 것입니다."
Never heard of the 5 food felons? //	5가지 음식 흉악범에 대해 들어본 적이 없는가?
Well, first on the list is saturated fat /	리스트에 올라간 첫 번째 것은 포화지방이다
which you find in things like fatty meats /	당신이 지방이 많은 육류에서 찾을 수 있는
and foods containing palm or coconut oil. //	그리고 팜유나 코코넛오일이 포함된 음식에서.
"The second one is avoid trans fat, it's a poison." //	"둘째 것은 트랜스지방을 피하는 것입니다, 그것은 독입니다."
Trans fats not only raise our bad cholesterol, /	트랜스지방은 우리의 나쁜 콜레스테롤을 올려줄 뿐 아니라,
but they lower our good. //	좋은 콜레스테롤을 낮춰준다.
You find them in some margarines and in commercially baked goods /	당신은 마가린 및 상업용도로 구운 것들에서 발견한다
such as cookies and cakes. //	쿠키와 케이크 같은.
The other 3 food felons all have something in common. //	또 다른 3가지 음식 흉악범들이 공통적으로 가지고 있는 게 있다.
"You want to avoid simple sugars, added syrups, /	"단당류를 피하고, 시럽 추가를 피해야 합니다,
and any grain that isn't 100% whole grain." //	100% 통곡물이 아닌 어떤 곡물들도 피해야 합니다."
The best way to put the cuff on the 5 food felons is /	5가지 음식 흉악범을 수갑 채울 최선의 방법은
to go for the good guys: Fruits, vegetables, whole grains, and low-fat proteins. //	좋은 것들을 먹는 것이다: 과일, 야채, 통곡물, 그리고 저지방 단백질.

Part 02　소리[발음] 연습

*저자의 음성강의와 함께 학습하세요.

핵심소리[발음] 연습

우리가 늘상 해왔던 대로 영어를 발음하면 자연스러움이 다소 떨어질 수 있어요. 여기에서는 소리현상 몇 가지를 정리해봤어요. 글로도 설명을 해 놓았지만, 조금 번거롭더라도 mp3 음성강의를 들으며 따라 해보면 훨씬 좋아요!

같은 성질의 소리 연결 (/v/=/f/)

같은 소리(혹은 같은 성질의 소리)가 붙어있을 땐 연결하여 한 번만 발음한다!
- e.g. a variety of‿foods, five‿food felons

/d/ 터뜨리지 않기

자음 앞의 /d/는 소리가 터지지 않는다!
- e.g. advice

핵심어휘소리 연습

정확한 소리도 모른 채 뜻만 달랑 알아가는 단어학습은 반쪽짜리 영어입니다! 정확한 소리를 알아둬야 내가 발음할 때 외국인도 잘 알아듣게 되는 것이지요~ 원어민 소리도 잘 들릴 거구요! 어휘소리를 직접 저와 함께 발음해 보며 전체 문장 발음을 위한 기반을 닦아보시죠!

1. sá-tu-ra-ted fat
[강세] 첫 번째 음절
발음방법 [세쳐뤠이릿] 까지 하고, 0.1초 쉬었다가 fat 발음으로 연결합니다.

2. már-gar-ine
[강세] 첫 번째 음절
발음방법 [마가린]이 아닌 /mar-dʒər-ən/임에 유의합니다.

3. com-mér-cial-ly
[강세] 두 번째 음절
발음방법 발음은 어렵지 않고, 강세만 잡아서 인토네이션을 만들어봅니다.

4. pró-tein
[강세] 첫 번째 음절
발음방법 두 번째 음절에 강세가 있을 것 같지만, 첫 번째 음절에 강세가 있다는 점에 유의합니다.

Step 3 전체 문장 발음/리스닝 실전연습

이제 실전이에요! 앞에서 배운 소리[발음]현상과 어휘소리를 바탕으로 전체 문장이 정확히 어떻게 발음되는지 mp3 음성강의를 통해 함께 연습하시죠!

전체 문장 및 해석	🔊 김일승의 발음 코치
When it comes to eating, there are good guys and bad guys. So, take this advice. 먹는 것의 면에서 보면, 좋은 것들이 있고 나쁜 것들이 있다. 그래서, 이 조언을 받아들이자.	this와 advice를 연음해볼까요? this의 's'를 advice 쪽으로 붙여서 [디샛바이스]처럼 발음합니다.
"ONE is eat the right portion size, TWO is eat a variety of foods, and THREE is avoid the 5 food felons." "하나는, 올바른 섭취분량을 먹는 것이고, 둘은 다양한 음식을 먹는 것이며, 셋은 5가지 음식 흉악범을 피하는 것입니다."	of의 끝 /v/와 foods의 첫 /f/, 즉 /v/와 /f/는 윗니와 아랫입술을 터치하는 같은 성질의 소리이므로 연음해서 한 번만 발음합니다.
Never heard of the 5 food felons? Well, first on the list is saturated fat which you find in things like fatty meats and foods containing palm or coconut oil. 5가지 음식 흉악범에 대해 들어본 적이 없는가? 리스트에 올라간 첫 번째 것은 당신이 지방이 많은 육류와 팜유나 코코넛 오일이 포함된 음식에서 찾을 수 있는 포화지방이다.	first on을 연음해볼까요? first의 't'를 뒷단어 on으로 붙여서 /fərst /ɒn/ → /fərs tɔn/으로 발음합니다.
"The second one is avoid trans fat, it's a poison." Trans fats not only raise our bad cholesterol, but they lower our good. You find them in some margarines and in commercially baked goods such as cookies and cakes. "둘째 것은, 트랜스지방을 피하는 것입니다. 그것은 독입니다." 트랜스지방은 우리의 나쁜 콜레스테롤을 올려줄 뿐 아니라 좋은 콜레스테롤을 낮춰준다. 당신은 마가린 및 쿠키와 케이크 같은 상업용도로 구운 것들에서 발견한다.	baked goods에서의 baked를 [베이킷]으로 읽으면 안 됩니다. [베익트]로 읽을 수 있어야 합니다.
The other 3 food felons all have something in common. "You want to avoid simple sugars, added syrups, and any grain that isn't 100% whole grain." 또 다른 3가지 음식흉악범들이 공통적으로 가지고 있는 게 있다. "단당류를 피해야 하고 시럽 추가를 피해야 합니다. 100% 통곡물이 아닌 어떤 곡물들도 피해야 합니다."	avoid simple의 /d/, added syrups의 /d/를 터뜨리지 않고 발음하면 각각 [어보잇 / 심플], [애릿 / 시럽스]가 됩니다.
The best way to put the cuff on the 5 food felons is to go for the good guys: Fruits, vegetables, whole grains, and low-fat proteins. 5가지 음식 흉악범을 수갑 채울 최선의 방법은 좋은 것들을 먹는 것이다: 과일, 야채, 통곡물, 그리고 저지방 단백질.	best way to를 연음해볼까요? ① best way에서 /s, t, w/가 자음 3개이므로 가운데 자음인 /t/를 탈락시켜 /best wei/ → /bes wei/으로 발음하고, ② way to를 발음할 땐 모음 사이에 있는 /t/를 굴려서 [웨이루]로 각각 연음합니다.

REVIEW

문장 다시 말해보기

- 우리는 무슨 공통점이 있는가?
  What do _____?

- 우리에겐 어떤 공통점이 있다.
  We _____.

- 우리에겐 공통점이 전혀 없다.
  We _____.

기초어순 복습훈련

1. 그것에 대해 결코 들어본 적이 없다
2. 다양한 음식들을 먹다
3. 팜유가 들어간 음식들

| 정답 | 1. never heard of it / 2. eat a variety of foods / 3. foods containing palm oil

Day 20

Conversation: Jealousy
질투

WARMING UP 전체 문장 의미파악

아래 문장을 가볍게 읽어보며 내용 흐름을 파악해보세요. 시간제한을 두고 읽어야 더욱 집중이 됩니다. 시~작!

Jennifer: Guess where I get to go tonight?
Tim: Um... to the annual fireworks show along the Han River?
Jennifer: No, I got personally invited to attend a private dinner hosted by the one and only 김동률!
Tim: Get out of here! Are you serious?
Jennifer: Yeah, I am.
Tim: I'm jealous! How did you get such an invitation?
Jennifer: I don't know if you remember this, but 김동률 is a regular at the Italian restaurant I used to work at. I got to know him during the two months I worked there. I even went to one of his concerts.
Tim: Oh yeah, I remember you telling me about that. So what is this dinner for?
Jennifer: It's a dinner to celebrate the release of his new album. It's going to be held in his private residence.
Tim: Wow, I'm so jealous. Is there anyway I can tag along? I'm a big fan of 김동률.
Jennifer: Oh really? I didn't know you were a fan. Unfortunately, this is an invitation only event, and invitees are not allowed to bring any guests.
Tim: What a bummer! I would love to meet him. Anyways, tell me all about it next time.
Jennifer: I sure will!

Part 01 어휘·구문·문장 의미파악

 핵심어휘 의미
단어가 문장에서 어떻게 쓰이는지를 보기 위한 전 단계입니다. 핵심적인 의미파악을 꼭 해두세요!

- ☑ annual — 연례의
- ☐ fireworks — 불꽃놀이
- ☐ jealous — 질투하는
- ☐ regular — 단골고객
- ☐ release — 음반발매
- ☐ residence — 거주지
- ☐ invitee — 초청객

 핵심구문 의미
스크립트에 들어가기 전에 멋지게 발음해볼 주요 표현을 미리 맛보자구요~

- ☑ the one and only — 유명한, 유일한
- ☐ Get out of here! — 설마!
- ☐ tag along — (초대 받지 않았는데도) 따라가다
- ☐ What a bummer! — 아 김빠지네! 안됐다!

문장 말해보기 : got invited to *sth*   *sth*에 초대받다

👆 I *got invited to* my best friend's house for dinner.
나는 나의 가장 친한 친구의 집으로 저녁식사 초대를 받았다.

👆 I *got invited to* the wedding.
나는 그 결혼식에 초대받았다.

👆 She just *got invited to* the exhibit.
그녀는 막 그 전시회에 초대받았다.

영어어순[직독직해] 이해하기

직독직해를 연습해봐요. 우리말과 영어는 어순이 달라서 어순감각을 살리는 훈련을 하지 않으면 영어가 얼른 이해가 되지 않아요. 한 줄씩 소리 내어 읽는 동시에 뜻을 생각하는 연습을 해봐요. 직접 읽고 나면 뒤에 나오는 영어발음 연습도 잘 될 거예요!

Jennifer: Guess where I get to go tonight?

Tim: Um... to the annual fireworks show along the Han River?

Jennifer: No, I got personally invited to attend a private dinner hosted by the one and only 김동률!

Tim: Get out of here! Are you serious?

Jennifer: Yeah, I am.

Tim: I'm jealous! How did you get such an invitation?

Jennifer: I don't know if you remember this, but 김동률 is a regular at the Italian restaurant I used to work at. I got to know him during the two months I worked there. I even went to one of his concerts.

Tim: Oh yeah, I remember you telling me about that. So what is this dinner for?

Jennifer: It's a dinner to celebrate the release of his new album. It's going to be held in his private residence.

Tim: Wow, I'm so jealous. Is there anyway I can tag along? I'm a big fan of 김동률.

Jennifer: Oh really? I didn't know you were a fan. Unfortunately, this is an invitation only event, and invitees are not allowed to bring any guests.

Tim: What a bummer! I would love to meet him. Anyways, tell me all about it next time.

Jennifer: I sure will!

나 오늘밤 어디 가야 하는지 맞춰봐.

음... 한강 따라서 펼쳐지는 연례불꽃놀이 쇼로?

아니. 나 유명한 김동률이 진행하는 개인 저녁식사에 개인 참석 초대받았어!

설마! 진심이야?

응, 그렇지!

질투나는데! 어떻게 그런 초대를 받았어?

네가 이걸 기억하는지 모르겠지만, 김동률은 내가 일하곤 했던 이탈리안 레스토랑의 단골이더라구. 난 심지어 그의 콘서트 중에 한 번 가기도 했어.

응, 그것에 대해 나에게 말하던 게 기억나. 그래서 이번 저녁식사는 무슨 목적이야?

그의 새 앨범 발매를 축하하기 위한 저녁식사야. 그의 개인 거주지에서 열릴 예정이야.

와, 질투난다. 나도 같이 따라갈 방법 있을까? 나 김동률의 왕팬이야.

아 그래? 너가 팬인지 몰랐네. 불행하게도, 이건 초대받아야만 갈 수 있는 이벤트라. 초청객들은 어떤 손님도 데려갈 수 없어.

아 김빠지네! 난 그를 정말 만나고 싶어. 어쨌거나, 다음엔 말 좀 해줘.

물론 꼭 그럴게!

Part 02　　　　　　　　　　　　　소리[발음] 연습

*저자의 음성강의와 함께 학습하세요.

 ## 핵심소리[발음] 연습

우리가 늘상 해왔던 대로 영어를 발음하면 자연스러움이 다소 떨어질 수 있어요. 여기에서는 소리현상 몇 가지를 정리해봤어요. 글로도 설명을 해 놓았지만, 조금 번거롭더라도 mp3 음성강의를 들으며 따라 해보면 훨씬 좋아요!

river vs. liver	모음 앞의 /r/은 반드시 입술을 오므렸다가 펼치며 발음하고, 모음 앞 /l/은 그냥 혀끝으로 발음한다! **e.g.** river vs. liver, Ryan vs. lion
one 앞의 정관사 'the'는 [더]	the one을 [디원]으로 읽는 사람이 많지만, 이는 틀린 읽기이다. one의 발음기호인 [wʌn]의 /w/는 모음이 아니다. 그러므로 [ði:]가 아닌 [ðə]로 읽어야 한다! **e.g.** the one and only

 ## 핵심어휘소리 연습

정확한 소리도 모른 채 뜻만 달랑 알아가는 단어학습은 반쪽짜리 영어입니다! 정확한 소리를 알아둬야 내가 발음할 때 외국인도 잘 알아듣게 되는 것이지요~ 원어민 소리도 잘 들릴 거구요! 어휘소리를 직접 저와 함께 발음해 보며 전체 문장 발음을 위한 기반을 닦아보시죠!

1. fíre-works

[강세] 첫 번째 음절

발음방법 기초발음이 부족하다면 fire의 /f/(윗니+아랫입술 사용)와 work의 /r/(소리 모으기)을 꼼꼼하게 챙기기 바랍니다.

2. jéa-lous

[강세] 첫 번째 음절

발음방법 [질러스]가 아니라 [dʒeləs, 젤러스]라고 발음한다는 점에 유의합니다.

3. ré-gu-lar

[강세] 첫 번째 음절

발음방법 모음 앞의 'r'은 입술을 오므렸다가 펼치면서 발음한다는 점에 유의합니다.

4. re-léase

[강세] 두 번째 음절

발음방법 모음 앞의 'r'은 입술을 오므렸다가 펼치면서 발음하고, 발음기호 [ri-li:s]에서 보듯 끝소리는 /s/임에 유의합니다.

5. in-vi-tée

[강세] 세 번째 음절

발음방법 이 단어의 발음기호는 [in-vi-ti:]입니다. 끝음절에 강세가 있음에 유의하여 발음합니다.

Step 3 전체 문장 발음/리스닝 실전연습

이제 실전이에요! 앞에서 배운 소리[발음]현상과 어휘소리를 바탕으로 전체 문장이 정확히 어떻게 발음되는지 mp3 음성강의를 통해 함께 연습하시죠!

전체 문장 및 해석	김일승의 발음 코치
Guess where I get to go tonight? / Um... to the annual fireworks show along the Han River? 나 오늘밤 어디 가야 하는지 맞춰봐. / 음... 한강 따라서 펼쳐지는 연례불꽃놀이 쇼로?	river의 /r/은 모음 앞이니 입술을 오므렸다가 펼치면서 발음합니다. 그렇지 않으면 liver로 들릴 수 있어요!
No, I got personally invited to attend a private dinner hosted by the one and only 김동률! 아니, 나 유명한 김동률이 진행하는 개인 저녁식사에 개인 참석 초대받았어!	invited to와 hosted by를 연음해봅니다. invited to는 ① invited[인바이릿] 까지 하고 ② 0.2초 쉬었다가 ③ '투'로 마무리! hosted by는 ① hosted[호우스띳] 까지 하고 ② 0.2초 쉬었다가 ③ '투'로 마무리하면 됩니다.
Get out of here! Are you serious? / Yeah, I am. 설마! 진심이야? / 응. 그렇지!	Get out of here를 연음해봅니다. 자음 앞의 어는 [ə, 어]로 발음해도 좋습니다. 여기에 모음 사이에 있는 /t/를 굴리기까지 한다면 [게라우러 히어]처럼 연음할 수 있습니다.
I'm jealous! How did you get such an invitation? 질투나는데! 어떻게 그런 초대를 받았어?	did와 you를 연음해볼까요? /d/+/y/=/ dʒ/이므로 [did‿yuː] → [di dʒuː, 디쥬]로 발음됩니다.
I don't know if you remember this, but 김동률 is a regular at the Italian restaurant I used to work at. I got to know him during the two months I worked there. I even went to one of his concerts. 네가 이걸 기억하는지 모르겠지만, 김동률은 내가 일하곤 했던 이탈리안 레스토랑의 단골이더라구. 난 심지어 그의 콘서트 중에 한 번 가기도 했어.	months는 어떻게 발음하면 될까요? 그냥 /th/ 발음을 안 하면 됩니다. [mʌns]처럼요! 의외로 간단하지요?

Oh yeah, I remember you telling me about that. So what is this dinner for? 응, 그것에 대해 나에게 말하던 게 기억나. 그래서 이번 저녁식사는 무슨 목적이야?	what is를 연음해볼까요? what의 /t/가 굴려져서 [와리즈]처럼 발음됩니다.
It's a dinner to celebrate the release of his new album. It's going to be held in his private residence. 그의 새 앨범 발매를 축하하기 위한 저녁식사야. 그의 개인 거주지에서 열릴 예정이야.	• release of를 연음해볼까요? release의 끝소리인 'f'를 of 쪽으로 붙여서 /ri-liːsʌv, 륄리~섭]으로 발음합니다. • held in을 연음해볼까요? held의 'd'를 뒤로 붙여서 [hel din, 헬딘]으로 발음합니다.
Wow, I'm so jealous. Is there anyway I can tag along? I'm a big fan of 김동률. 와, 질투난다. 나도 같이 따라갈 방법 있을까? 나 김동률의 왕팬이야.	tag along을 연음해볼까요? tag의 /g/를 along 쪽으로 붙이면 [tæg ə-lɔŋ] → [tæ gə-lɔŋ, 태걸렁]처럼 발음됩니다.
Oh really? I didn't know you were a fan. Unfortunately, this is an invitation only event, and invitees are not allowed to bring any guests. 아 그래? 너가 팬인지 몰랐네. 불행하게도, 이건 초대받아야만 갈 수 있는 이벤트라, 초청객들은 어떤 손님도 데려갈 수 없어.	• not allowed를 연음해볼까요? 모음 사이에 있는 /t/를 굴려서 [나럴라우드]로 발음합니다. • guests를 발음할 땐 /t/를 과감히 탈락시켜 /ges/로 발음해도 무방합니다.
What a bummer! I would love to meet him. Anyways, tell me all about it next time. / I sure will! 아 김빠지네! 난 그를 정말 만나고 싶어. 어쨌거나, 다음엔 말 좀 해줘. / 물론 꼭 그렇게!	• about it을 연음해볼까요? 모음 사이의 /t/를 굴리므로 [어바우릿]처럼 연음합니다. • next time을 연음해볼까요? 같은 소리는 한 번만 발음하므로 [넥스타임]처럼 발음합니다.

REVIEW

문장 다시 말해보기

✌ 나는 나의 가장 친한 친구의 집으로 저녁식사 초대를 받았다.
I _____.

✌ 나는 그 결혼식에 초대받았다.
I _____.

✌ 그녀는 막 그 전시회에 초대받았다.
She just _____.

기초어순 복습훈련

1. 개인 저녁식사에 참여하다
2. 그의 새 앨범의 발표를 축하하다
3. 초대받아야만 갈 수 있는 이벤트

| 정답 | 1. attend a private dinner / 2. celebrate the release of his new album / 3. an invitation-only event

지금 이 순간 원어민이 쓰고 있는 회화표현

use one's gray matter
두뇌(지능)를 이용하다

Emily **Use your gray matter** and answer those tough questions.
당신의 지능을 이용해서 그러한 힘든 문제들을 답하시기 바랍니다.

Sam I give up.
포기할게요.

 · tough   힘든

 · question: [퀘스천]보다는 [퀴]를 먼저 발음하고 바로 [에스천]을 붙이는 느낌으로 발음합니다.

Day 21

The Pros and Cons of Sharing Your Bed With Pets 당신의 침대를 애완동물과 같이 쓰는 것에 대한 장단점

WARMING UP 전체 문장 의미파악

아래 문장을 가볍게 읽어보며 내용 흐름을 파악해보세요. 시간제한을 두고 읽어야 더욱 집중이 됩니다. 시~작!  01:30

Man's best friend is often a great sleeping companion for some people.
But experts say that owners should weigh the pros and cons before getting in the bed with their pets.
According to a survey conducted by the American Pet Products Association, nearly half of dogs and over 60% of cats sleep in their owner's beds.
Dogs and cats can create a sense of safety and comfort for people allowing them a better night's sleep.
Oftentimes the rhythmic heartbeat and breathing from the animal helps a person to fall asleep as well.
But pet dander, pet hair, and dirt in the bed can trigger allergies for some people.
For those who suffer allergies and or asthma, a person should not allow pets to sleep in their bed or even in the bedroom in order to give the body a few hours of recovery from their allergic reactions.
People who refuse to kick the pet out despite the allergies can sometimes turn to allergy shots to help build a tolerance.

Part 01   어휘·구문·문장 의미파악

Step 1 핵심어휘 의미
단어가 문장에서 어떻게 쓰이는지를 보기 위한 전 단계입니다. 핵심적인 의미파악을 꼭 해두세요!

- ☑ rhythmic — 리드미컬한(율동적인)
- ☐ dander — 비듬
- ☐ asthma — 천식
- ☐ reaction — 반응
- ☐ tolerance — 내성, 인내력

Step 2 핵심구문 의미
스크립트에 들어가기 전에 멋지게 발음해볼 주요 표현을 미리 맛보자구요~

- ☑ man's best friend — 인간의 가장 친한 친구(=dog)
- ☐ weigh the pros and cons — 득실을 따지다
- ☐ refuse to kick the pet out — 애완동물을 쫓아내는 것을 거부하다
- ☐ turn to *sth* — *sth*에 의지하다
- ☐ build a tolerance — 내성을 기르다

문장 말해보기 : weigh the pros and cons   득실을 따지다

☝ You have to *weigh the pros and cons* of the bargain.
당신은 그 흥정의 득실을 따져보아야 한다.

✌ I'm sure they're *weighing the pros and cons*.
나는 그들이 득실을 따지고 있다고 확신한다.

🤟 After *weighing the pros and cons*, he refused to answer the question.
득실을 따져본 후, 그는 그 질문에 답하는 것을 거절했다.

169

영어어순[직독직해] 이해하기

직독직해를 연습해봐요. 우리말과 영어는 어순이 달라서 어순감각을 살리는 훈련을 하지 않으면 영어가 얼른 이해가 되지 않아요. 한 줄씩 소리 내어 읽는 동시에 뜻을 생각하는 연습을 해봐요. 직접 읽고 나면 뒤에 나오는 영어발음 연습도 잘 될 거예요!

Man's best friend is often a great sleeping companion /	인간의 최고 친구(=dog)는 종종 좋은 취침 동료이다
for some people. //	몇몇 사람들에게.
But experts say /	그러나 전문가들은 말한다
that owners should weigh the pros and cons /	주인들은 득실을 따져보아야 한다고
before getting in the bed with their pets. //	그들의 애완동물들과 침대에 들어가기 전에.
According to a survey conducted by the American Pet Products Association, /	미국 애완동물제품협회에서 시행된 한 설문조사에 따르면,
nearly half of dogs and over 60% of cats /	개의 거의 50%와 고양이의 60% 이상이
sleep in their owner's beds. //	그들 주인의 침대에서 잔다.
Dogs and cats can create a sense of safety and comfort for people /	개와 고양이는 안전감과 안락감을 만들 수 있다
allowing them a better night's sleep. //	그들에게 더 나은 밤잠을 가능하게 하며.
Oftentimes the rhythmic heartbeat and breathing from the animal /	때때로 동물로부터의 리드미컬(율동적인)한 심장박동과 호흡은
helps a person to fall asleep as well. //	사람이 잠드는 데 또한 도움을 준다.
But pet dander, pet hair, and dirt in the bed /	그러나 침대에서 애완동물의 비듬, 털, 때는
can trigger allergies for some people. //	몇몇 사람들에게 알레르기를 유발할 수 있다.
For those who suffer allergies and or asthma, /	알레르기와 혹은 천식을 앓는 이들에게는.
a person should not allow pets /	사람은 애완동물들을 허락하지 말아야 한다
to sleep in their bed or even in the bedroom /	침대에서 혹은 심지어 침실에서 자는 것을
in order to give the body a few hours of recovery /	신체에 몇 시간의 회복의 기회를 주기 위해
from their allergic reactions. //	알레르기 반응으로부터.
People who refuse to kick the pet out /	애완동물을 쫓아내는 것을 거부하는 사람들은
despite the allergies /	알레르기에도 불구하고
can sometimes turn to allergy shots /	알레르기 주사에 의지할 수 있다
to help build a tolerance. //	때때로 내성 형성을 돕기 위해.

Part 02 소리[발음] 연습

*저자의 음성강의와 함께 학습하세요.

핵심소리[발음] 연습

우리가 늘상 해왔던 대로 영어를 발음하면 자연스러움이 다소 떨어질 수 있어요. 여기에서는 소리현상 몇 가지를 정리해봤어요. 글로도 설명을 해 놓았지만, 조금 번거롭더라도 mp3 음성강의를 들으며 따라 해보면 훨씬 좋아요!

기능어(function word) 'and'의 소리 약화

문장에서 의미가 크게 중요하지 않은 'and'의 소리는 약하게 된다!

e.g. pros‿and cons

/th/ 묵음

영어에서 /th/가 묵음인 것은 asthma와 clothes 딱 2개뿐이다!

e.g. asthma, clothes

핵심어휘소리 연습

정확한 소리도 모른 채 뜻만 달랑 알아가는 단어학습은 반쪽짜리 영어입니다! 정확한 소리를 알아둬야 내가 발음할 때 외국인도 잘 알아듣게 되는 것이지요~ 원어민 소리도 잘 들릴 거구요! 어휘소리를 직접 저와 함께 발음해 보며 전체 문장 발음을 위한 기반을 닦아보시죠!

1. bréa-thing

[강세] 첫 번째 음절

발음방법 여기서 /th/는 유성음인 [ð]이므로 [브리딩]처럼 발음합니다.

2. ás-thma

[강세] 첫 번째 음절

발음방법 /th/는 완전히 소리가 없는 묵음(silent sound)이므로 절대 발음하지 않습니다.

3. cóm-fort

[강세] 첫 번째 음절

발음방법 'com-'까지 발음하면 양 입술이 다물어져 있는데, 여기서 바로 윗니와 아랫입술을 깨물면서 /f/ 발음으로 이어가야 합니다. 쉽지 않지만 연습으로 충분히 극복 가능합니다!

4. tól-er-ance

[강세] 첫 번째 음절

발음방법 ① 일단 'toler-'까지 발음하고, ② '-ance'를 붙이는데 [-런스]가 아니라 [-언스]임에 유의합니다.

전체 문장 발음/리스닝 실전연습

이제 실전이에요! 앞에서 배운 소리[발음]현상과 어휘소리를 바탕으로 전체 문장이 정확히 어떻게 발음되는지 mp3 음성강의를 통해 함께 연습하시죠!

전체 문장 및 해석	🔊 김일승의 발음 코치
Man's best friend is often a great sleeping companion for some people. But experts say that owners should weigh the pros and cons before getting in the bed with their pets. 인간의 최고 친구(=dog)는 종종 몇몇 사람들에게 좋은 취침 동료이다. 그러나 전문가들은 그들의 애완동물들과 침대에 들어가기 전에 득실을 따져보아야 한다고 말한다.	pros and cons를 연음해볼까요? 앞에서 언급했듯, 의미상 중요하지 않은 and의 원래 소리 [ænd]는 약한 소리인 [ən]으로 바뀝니다. 따라서 /prouz ænd kanz/ → /prouzən kanz/[프로우즌 칸스]처럼 발음하면 됩니다.
According to a survey conducted by the American Pet Products Association, nearly half of dogs and over 60% of cats sleep in their owner's beds. 미국 애완동물제품협회에서 시행된 한 설문조사에 따르면, 개의 거의 50%와 고양이의 60% 이상이 그들 주인의 침대에서 잔다.	survey는 동사일 때와 명사일 때의 강세 위치가 달라집니다. 명사일 땐 súrvey처럼 첫 번째 음절에 강세인 반면 동사일 땐 survéy처럼 두 번째 음절에 강세가 있음에 유의합니다. 여기서는 명사로 쓰였으므로 첫 번째 음절에 강세를 줘서 발음해야 합니다.
Dogs and cats can create a sense of safety and comfort for people allowing them a better night's sleep. Oftentimes the rhythmic heartbeat and breathing from the animal helps a person to fall asleep as well. 개와 고양이는 사람들에게 더 나은 밤잠을 가능하게 하며 안전감과 안락감을 만들 수 있다. 때때로 동물로부터의 리드미컬(율동적인)한 심장박동과 호흡은 사람이 잠드는 데 또한 도움을 준다.	dogs and cats를 연음해볼까요? 여기서도 and는 의미상 중요하지 않으므로 /ən/으로 약하게 하여 /dɔgz ən kæts/ → /dɔgzən kæts/[덕즌 캣스]라고 발음하면 됩니다.
But pet dander, pet hair, and dirt in the bed can trigger allergies for some people. For those who suffer allergies and or asthma, a person should not allow pets to sleep in their bed or even in the bedroom in order to give the body a few hours of recovery from their allergic reactions. 그러나 침대에서 애완동물의 비듬, 털, 때는 몇몇 사람들에게 알레르기를 유발할 수 있다. 알레르기와 혹은 천식을 앓는 이들에게는 알레르기 반응으로부터 신체에 몇 시간의 회복의 기회를 주기 위해 애완동물들이 침대에서 혹은 심지어 침실에서 자는 것을 허락하지 말아야 한다.	allergic reaction의 인토네이션을 잡아봅시다. 명사인 állergy는 첫 번째 음절에 강세가 있는 반면, 여기에 쓰인 형용사 allérgic은 두 번째 음절에 강세가 있습니다. reáction 역시 두 번째 음절에 강세가 있습니다. 그러므로 allergic reaction은 각각 두 번째 음절을 올려서 인토네이션을 잡아야 합니다.
People who refuse to kick the pet out despite the allergies can sometimes turn to allergy shots to help build a tolerance. 알레르기에도 불구하고 애완동물을 쫓아내는 것을 거부하는 사람들은 때때로 내성 형성을 돕기 위해 알레르기 주사에 의지할 수 있다.	help build a tolerance를 연음해볼까요? ① 일단 help를 발음하고 입술을 딱 다뭅니다. ② 그 다음에 build의 /d/를 뒷 단어 a 쪽으로 붙이면 /bild ə/ → /bil də/[빌 더]로 연음이 됩니다.

REVIEW

문장 다시 말해보기

- 당신은 그 흥정의 득실을 따져보아야 한다.
  You have to _____.

- 나는 그들이 득실을 따지고 있다고 확신한다.
  I'm sure they're _____.

- 득실을 따져본 후, 그는 그 질문에 답하는 것을 거절했다.
  After _____, he _____.

기초어순 복습훈련

1. 훌륭한 취침 동료	🎤
2. 그들에게 더 나은 밤잠을 허락하다	🎤
3. 고양이들의 60% 이상	🎤
4. 알레르기들을 유발하다	🎤

> | 정답 | 1. a great sleeping companion / 2. allow them a better night's sleep / 3. over 60% of cats / 4. trigger allergies

Day 22

Third-hand Smoke Is Bad for You
제3의 흡연도 당신에게 좋지 않다

WARMING UP   전체 문장 의미파악

아래 문장을 가볍게 읽어보며 내용 흐름을 파악해보세요. 시간제한을 두고 읽어야 더욱 집중이 됩니다. 시~작!    01:30

We know smoking can harm us. And if we live with a smoker, that second-hand smoke we inhale can affect us as well.

Second-hand smoke is when somebody smokes in the presence of other people and they inhale that smoke.

That causes all kinds of problems such as lung cancer, asthma and respiratory infections in children.

Now scientists are finding that third-hand smoke, which is the fumes that come off somebody who has smoked elsewhere, can have a negative impact on our health, as well as our children's.

There's evidence now that third-hand smoke is a risk factor in children like chronic ear infections and chronic respiratory infections.

Your clothes reek of smoke, your hair reeks of smoke... your little child with asthma is going to get an asthma attack.

How to avoid passing on your smoke to others?

The American Lung Association says, try to quit.

If that's not possible, take the smoking outside where the air is less concentrated, and the smoke fumes are not as heavy and won't be left on clothing.

Smokers should know that they're not only doing damage to their own hearts and lungs and other organs but they're doing damage to the people around them.

Part 01 어휘·구문·문장 의미파악

Step 1 핵심어휘 의미
단어가 문장에서 어떻게 쓰이는지를 보기 위한 전 단계입니다. 핵심적인 의미파악을 꼭 해두세요!

- ☑ inhale — 들이마시다
- ☐ asthma — 천식
- ☐ respiratory — 호흡기의
- ☐ chronic — 만성의
- ☐ organ — 기관, 장기

Step 2 핵심구문 의미
스크립트에 들어가기 전에 멋지게 발음해볼 주요 표현을 미리 맛보자구요~

- ☑ respiratory infection — 호흡기 감염
- ☐ come off *sbd* — *sbd*에서 떨어져 나오다
- ☐ reek of *sth* — *sth*의 냄새를 풍기다
- ☐ less concentrated — 덜 집중된, 덜 농축된

문장 말해보기 : in the presence of *sbd*   *sbd* 있는 데에서

- I signed the contract *in the presence of* the president of the company.
  나는 그 회사의 회장이 있는 데에서 계약서에 서명했다.
- Tom feels shy *in the presence of* gorgeous women.
  Tom은 아름다운 여자들이 있는 데에서 수줍음을 탄다.
- I don't smoke *in the presence of* children.
  나는 아이들이 있는 데에서 흡연하지 않는다.

175

영어어순[직독직해] 이해하기

직독직해를 연습해봐요. 우리말과 영어는 어순이 달라서 어순감각을 살리는 훈련을 하지 않으면 영어가 얼른 이해가 되지 않아요. 한 줄씩 소리 내어 읽는 동시에 뜻을 생각하는 연습을 해봐요. 직접 읽고 나면 뒤에 나오는 영어발음 연습도 잘 될 거예요!

We know smoking can harm us. //	우리는 흡연이 우리에게 해롭다는 것을 안다.
And if we live with a smoker, /	그리고 우리가 흡연자와 함께 산다면,
that second-hand smoke we inhale /	우리가 들이마시는 그 간접흡연은
can affect us as well. //	역시 우리에게 영향을 미칠 수 있다.
Second-hand smoke is /	간접흡연은
when somebody smokes in the presence of other people /	누군가가 다른 사람이 있는 데서 흡연할 때
and they inhale that smoke. //	그리고 그들이 그 연기를 들이마실 때이다.
That causes all kinds of problems /	그것은 모든 종류들의 문제를 야기한다
such as lung cancer, asthma and respiratory infections in children. //	폐암, 천식, 그리고 아이들의 호흡기 감염과 같은.
Now scientists are finding that /	현재 과학자들은 발견한다
third-hand smoke, /	제3의 흡연은,
which is the fumes that come off somebody /	누군가에게서 나는 냄새인
who has smoked elsewhere, /	다른 곳에서 흡연했던,
can have a negative impact on our health, /	우리 건강에 부정적인 영향을 줄 수 있다고,
as well as our children's. //	우리 아이들뿐 아니라.
There's evidence now that /	증거가 있다
third-hand smoke is a risk factor in children /	제3의 흡연은 아이들의 위험요인이라는
like chronic ear infections and chronic respiratory infections. //	만성 귓병과 만성 호흡기 감염과 같은.
Your clothes reek of smoke, /	여러분의 옷에서 담배냄새가 나고,
your hair reeks of smoke... /	여러분의 머리카락에서 담배냄새가 난다...
your little child with asthma /	천식이 있는 여러분의 어린아이는
is going to get an asthma attack. //	천식공격을 당할 것이다.
How to avoid passing on your smoke to others? //	당신의 담배냄새가 다른 이들에게 전달되는 것을 어떻게 막을 것인가?
The American Lung Association says, try to quit. //	미국 폐협회에서는 금연하라고 말한다.
If that's not possible, /	만약 그것이 가능하지 않다면,

take the smoking outside /

where the air is less concentrated, /

and the smoke fumes are not as heavy

and won't be left on clothing. //

Smokers should know that /

they're not only doing damage /

to their own hearts and lungs and other organs /

but they're doing damage to the people around them. //

바깥에서 흡연하라

공기가 덜 농축되는,

그리고 담배연기 냄새는 그렇게 무겁지 않으므로

옷에 남아있지 않을 것이다.

흡연자들은 알아야 한다

그들은 손상을 주고 있을 뿐 아니라

그들 자신의 심장과 폐와 다른 기관에

그들 주위에 있는 사람들까지 손상을 입히고 있음을.

Part 02  소리[발음] 연습

*저자의 음성강의와 함께 학습하세요.

 핵심소리[발음] 연습

우리가 늘상 해왔던 대로 영어를 발음하면 자연스러움이 다소 떨어질 수 있어요. 여기에서는 소리현상 몇 가지를 정리해봤어요. 글로도 설명을 해 놓았지만, 조금 번거롭더라도 mp3 음성강의를 들으며 따라 해보면 훨씬 좋아요!

/th/ 묵음

영어에서 /th/가 묵음인 것은 **asthma**와 **clothes** 딱 2개뿐이다!

e.g. asthma[æzmə], clothes[klouz]

'-sts'일 때 가운데 자음 't' 탈락

'-sts'일 때 가운데 자음인 't'를 탈락시켜 '-ss' 처럼 발음한다!

e.g. scientists

 핵심어휘소리 연습

정확한 소리도 모른 채 뜻만 달랑 알아가는 단어학습은 반쪽짜리 영어입니다! 정확한 소리를 알아둬야 내가 발음할 때 외국인도 잘 알아듣게 되는 것이지요~ 원어민 소리도 잘 들릴 거구요! 어휘소리를 직접 저와 함께 발음해 보며 전체 문장 발음을 위한 기반을 닦아보시죠!

1. in-hále

[강세] 두 번째 음절

발음방법 모음 뒤의 'L'은 혀끝을 쓰지 않고 혀 몸통을 입 안쪽으로 당겨 [inheil]로 발음합니다.

2. ás-thma

[강세] 첫 번째 음절

발음방법 'th'는 완전히 소리가 없는 묵음(silent sound)이므로 절대 발음하지 않습니다.

3. rés-pir-a-tor-y

[강세] 첫 번째 음절

발음방법 여기는 '-pira-' 부분의 발음처리가 아주 중요합니다. [피라]가 아니라 [prə]입니다. [뿌러]처럼 발음합니다.

4. chró-nic

[강세] 첫 번째 음절

발음방법 [크롸닉]의 3음절이 아닌 [kra-nik]의 2음절 단어입니다. [kra-] 이 부분을 단번에 발음하는 것이 관건입니다.

Step 3 전체 문장 발음/리스닝 실전연습

이제 실전이에요! 앞에서 배운 소리[발음]현상과 어휘소리를 바탕으로 전체 문장이 정확히 어떻게 발음되는지 mp3 음성강의를 통해 함께 연습하시죠!

전체 문장 및 해석	🔊 김일승의 발음 코치
We know smoking can harm us. And if we live with a smoker, that second-hand smoke we inhale can affect us as well. 우리는 흡연이 우리에게 해롭다는 것을 안다. 그리고 우리가 흡연자와 함께 산다면, 우리가 들이마시는 그 간접흡연 역시 우리에게 영향을 미칠 수 있다.	affect us as well을 연음해볼까요? /ə-fek-təs ʌs æz/ → /ə-fek-tə sʌ sæz/ 입니다. 앞 단어의 끝 자음을 뒤로 밀쳐서 [어펙 떠 쎄즈웰]로 발음합니다.
Second-hand smoke is when somebody smokes in the presence of other people and they inhale that smoke. That causes all kinds of problems such as lung cancer, asthma and respiratory infections in children. 간접흡연은 누군가가 다른 사람이 있는 데서 흡연할 때 그리고 그들이 그 연기를 들이마실 때이다. 그것은 폐암, 천식, 그리고 아이들의 호흡기 감염과 같은 모든 종류들의 문제를 야기한다.	presence of other를 연음해볼까요? /pre-zəns ʌv ʌ-ðər/ → /pre-zən sʌ vʌ-ðər/ 입니다. 전치사 /ʌv/를 앞뒤로 갈라서 [프레즌 서 버덜]로 발음합니다.
Now scientists are finding that third-hand smoke, which is the fumes that come off somebody who has smoked elsewhere, can have a negative impact on our health, as well as our children's. 다른 곳에서 흡연했던 누군가에게서 나는 냄새인 제3의 흡연은 우리 아이들뿐 아니라 우리 건강에 부정적인 영향을 줄 수 있다고 현재 과학자들은 발견한다.	negative impact on our를 연음해볼까요? /ngətiv impækt ɔn ar/ → /ngəti vimpæk tɔn ar/입니다. 앞 단어의 끝 자음을 뒤로 붙여 연음하면 [네거리 빔팩 떠 나우얼]이 됩니다.
There's evidence now that third-hand smoke is a risk factor in children like chronic ear infections and chronic respiratory infections. Your clothes reek of smoke, your hair reeks of smoke... your little child with asthma is going to get an asthma attack. 제3의 흡연은 아이들의 만성 귓병과 만성 호흡기 감염과 같은 위험요인이라는 증거가 있다. 여러분 옷에서 담배냄새가 나고, 머리카락에서 담배냄새가 난다... 천식이 있는 여러분의 어린아이는 천식공격을 당할 것이다.	reek of 하나만 연음연습 하지 말고 3인칭일 때는 어떻게 될지, 그리고 과거형일 땐 어떻게 될지를 항상 고민하며 연습하기 바랍니다. ① reek of: /ri:k ʌv/ → /ri: kʌv/[뤼 껍] ② reeks of: /ri:ks ʌv/ → /ri:k sʌv/[뤼 썹] ③ reeked of: /ri:kt ʌv/ → /ri:k tʌv/[뤼 떱]
How to avoid passing on your smoke to others? The American Lung Association says, try to quit. If that's not possible, take the smoking outside where the air is less concentrated, and the smoke fumes are not as heavy and won't be left on clothing. 당신의 담배냄새가 다른 이들에게 전달되는 것을 어떻게 막을 것인가? 미국 폐협회에서는 금연하라고 말한다. 만약 그것이 가능하지 않다면, 공기가 덜 농축되는 바깥에서 흡연하라. 그리고 담배연기 냄새는 그렇게 무겁지 않으므로 옷에 남아있지 않을 것이다.	left on을 연음해볼까요? /left ɔn/ → /lef tɔn/입니다. 앞 단어의 끝 자음을 연음해서 [레프떤]처럼 연음하면 됩니다.
Smokers should know that they're not only doing damage to their own hearts and lungs and other organs but they're doing damage to the people around them. 흡연자들은 자신의 심장과 폐와 다른 기관에 손상을 주고 있을 뿐 아니라 그들 주위에 있는 사람들까지 손상을 입히고 있음을 알아야 한다.	smokers should know를 연음해볼까요? smokers‿should를 자연스럽게 붙인 뒤 should의 /d/를 딱 참고 있다가 바로 know 발음으로 마무리합니다.

 **REVIEW**

문장 다시 말해보기

① 나는 그 회사의 회장이 있는 데에서 계약서에 서명했다.
   I _____.

② Tom은 아름다운 여자들이 있는 데에서 수줍음을 탄다.
   Tom feels _____.

③ 나는 아이들이 있는 데에서 흡연하지 않는다.
   I _____.

기초어순 복습훈련

1. 우리가 들이마시는 간접흡연연기
2. 우리 건강에 부정적인 영향을 미친다
3. 바깥에서 흡연을 하다 (take로 시작)
4. 그들 주위에 있는 사람들

| 정답 | 1. second-hand smoke we inhale / 2. have a negative impact on our health / 3. take the smoking outside / 4. people around them